海路

KAIRO

12

2015.7.20

◆海　路◆

12

2015.7.15

目次

特集　九州の古代官道

表紙「伊能小図　西日本　実測輿地全図　山陰道　山陽道　南海道　西海道」
（神戸市立博物館蔵）Photo : Kobe City Museum / DNPartcom

九州の古代官道

西海道の古代官道

木本　雅康
Kimoto Masayasu

西海道駅路の交通体系と名称

中央集権体制をとる古代律令国家は、中央と地方とを緊密に結び付けるために、官道を整備した。官道には、駅家《うまや》間を連ねる駅路《えきろ》と、郡家《ぐうけ》間を結ぶ伝路《でんろ》等があったが、前者は七道とも呼ばれた。すなわち駅路は、都から放射状に六本の道として発するが、西海道のみは、都の出先機関である大宰府から九州各地に、やはり六本の道として展開していた。

この九州内の六本の駅路の交通体系をどのように理解するかについて坂本太郎[1]は、大宰府からそのまま南下して大隅国府へ到る駅路を「西海道西路」、豊前国到津《いとうづ》駅から九州の東海岸を南下して大隅国府へ到る駅路を「西海道東路」と名づけ、両道が本道で、その他の駅路を支道と位置づけた。それに対し、足利健亮[2]は、大宰府とそこから発する六本の駅路というあり方は、都から放射状に六本の駅路が出るパターンのミニチュア版になっているとして、六本すべてを対等な本道と見なし、さらに肥後南部から日向国府へ向う道も本道の一つと見なした。この考え方を受けた武部健一[3]は、図1のような名称を各駅路に与えた。ただし、この命名には、まだ坂本が提唱した「西海道西路」「西海道東路」という名称が使われており、この二道が本道のような印象を与える。筆者は、[4]図2のように「西路」「東路」という言い方をやめて、単純に大宰府から発するそれぞれの駅路の終点の国名をもって、各駅路の名称とした。また、本道はそれぞれの国の国府までとし、

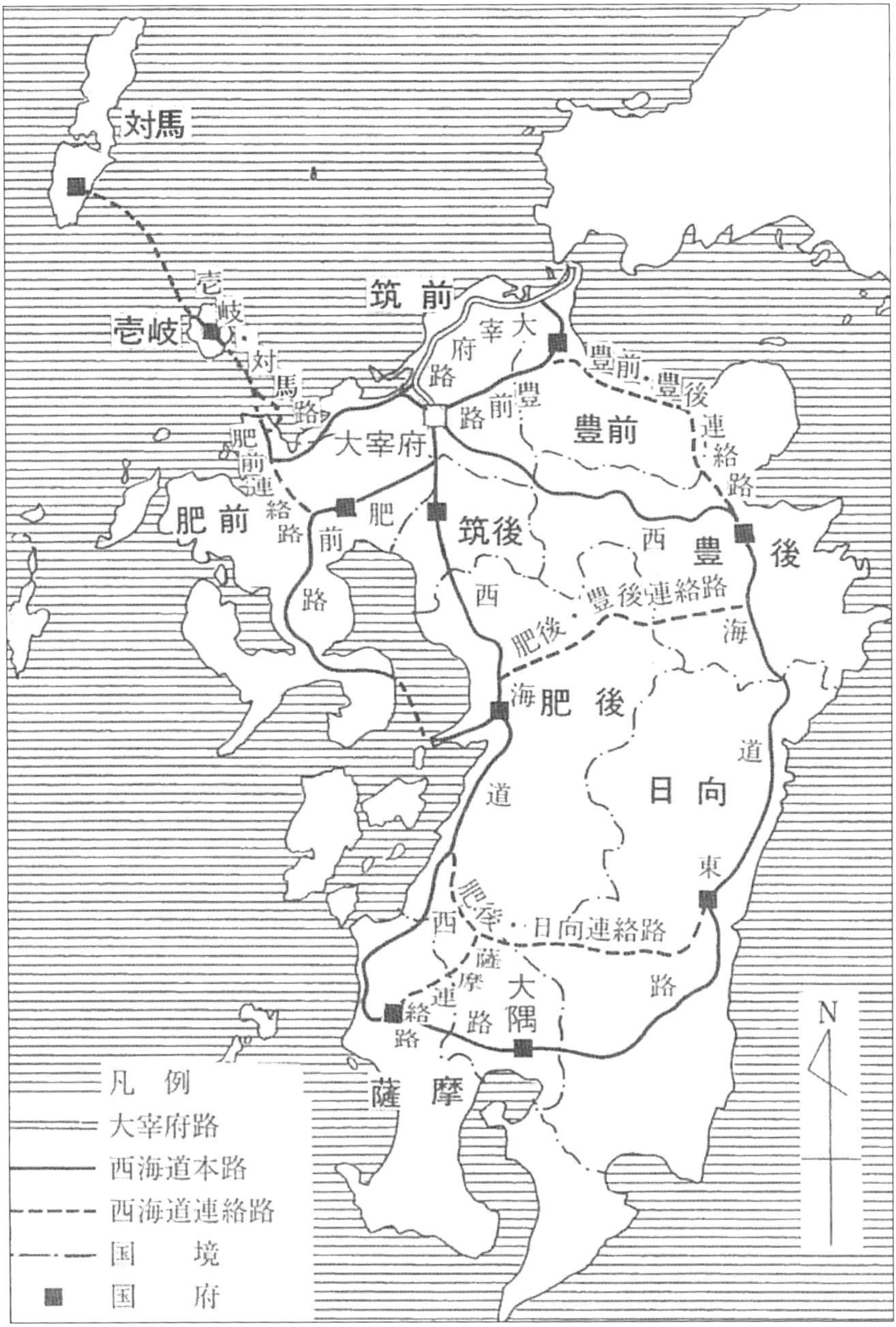

図1　武部健一による西海道の駅路の名称
（武部健一『完全踏査　続古代の道』吉川弘文館より転載）

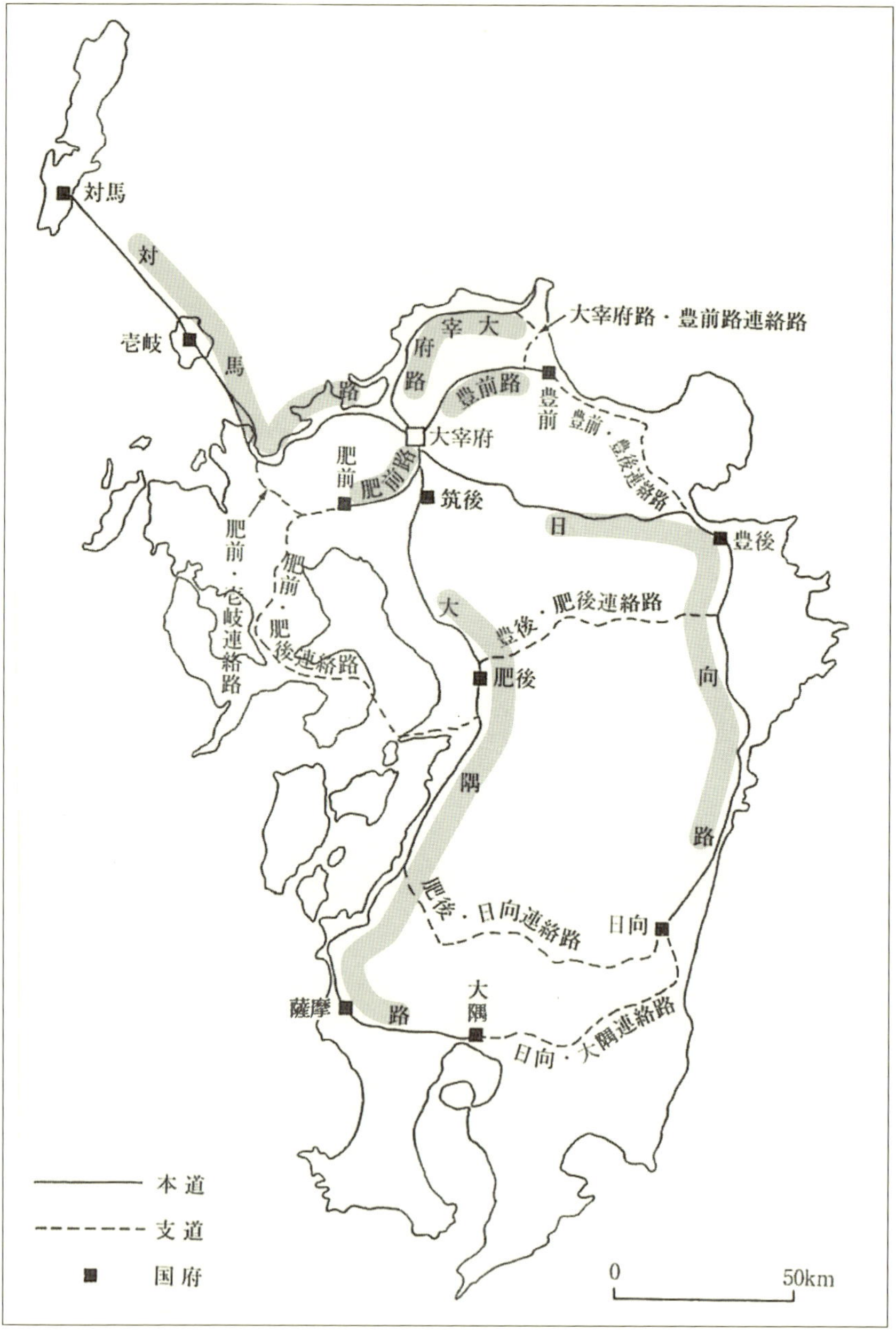

図２　私案による西海道の駅路の名称

それ以遠もしくは以外の駅路は支路として名称を与えた。要するに武部と筆者との違いは、実態を重視するか理念を重視するかということであろう。都の場合は、平城京でも平安京でも、当時の律令国家のほぼ中央に位置するので、六道の長さにそれほど大きな差は無いが、大宰府は九州の中で著しく北に偏った場所にあるので、そこから発する六道は、理念的にはすべて対等であるにしても、武部の言う「西海道西路」と「西海道東路」が極端に長く、したがって総体としての交通量は多かったであろう。このように、武部の命名には聴くべきところがあるが、筆者は即物的に理念の方を重視して、時計回りに豊前路・日向路・大隅路・肥前路・対馬路の名称を用い、山陽道に連絡する駅路を大宰府路と呼ぶことにする。

各駅路の特徴

つぎに、それぞれの駅路の特徴について、簡単に述べることにする。

大宰府路は、山陽道から大宰府に到る駅路で、関門海峡から玄界灘沿いにやや内陸部を進む。他の西海道駅路が小路として各駅家に駅馬を五疋《ひき》ずつ置いているのに対して、大路として一五疋ずつの駅馬を設置している。奈良時代の半ばごろに、外国使節の通過を想定して、各駅家を瓦葺にしており、この点については次章で述べる。

豊前路は、大宰府から筑豊地方を通って、瀬戸内海沿岸にあった豊前国府に到る。藤原広嗣の乱の際、多《た》胡古麻呂《ごのこまろ》が通った道として『続日本紀』天平十（七三八）年十月五日条に見える「田河道」がこのルートにあたると見なされるが、古麻呂は田河駅からは、北に分岐して企救郡家へ向う伝路を通ったと推測されている[5]。

ところで、『延喜式』において、山陽道の駅家が令の規定通り二〇疋ずつの駅馬を設置しているのに、これに接続する大宰府路が、大路であるのにかかわらず、一五疋ずつの駅馬しか置いていない点について足利[6]は、筆者の言う大宰府路・豊前路連絡路と豊前路が、大宰府路の交通量の一部を分担したからではないかと推測している。この場合、『延喜式』に見える豊前路の駅馬数が令の規定通りの五疋なので区別がつかないが、足利が指摘するように、『万葉集』所載のいくつかの歌によって、このルートの利用がうかがえる。特に平安時代に入って、大宰府官人の赴任が陸路から海路にシフトしてくるなど瀬戸内海の海上交通が盛んになると、その終点にあたる豊前国草野津に上陸した後、豊前路で大宰府を目指すルートがよく使われるようになったと推測される。豊前路は、大宰府路に比べてアップダウンは激しいものの、距離的にははるかに近いので、確かにバイパス的な役割を果たしていたのであろう。

日向路は、大宰府から日田・湯布院等の盆地を経て豊後国府に到り、そこから南下して日向国府に達するルートである。大隅路は、大宰府から南下して、筑後・肥後・薩摩国府を連ねて、大隅国府に到るものである。なお、大槻如電[7]や永山修一[8]は、『延喜式』主計上に見える薩摩と大隅両国の調・庸等の大宰府への所用日数がともに「上十二日　下六日」となっていることから、大宰府から大隅国府までは、薩摩国府を経由しない別路があったとしている。その場合、筆者の言う大隅路から肥後・日向連絡路に入り、鹿児島県大口市付近に比定される大水駅から南下して大隅国府へ達するルートが想定され、武久義彦[9]はこれも駅路であったと考え、そのルートを復原している。しかし一方で、大隅路沿いに伝馬が薩摩国の田後駅まで配置されているので、筆者は、こちらを主路として判断した。なお、西海道南部の駅路が、肥後・日向連絡路と、大隅路および日向・大隅連絡路によって二重になっているのは、隼人対策のためと考えられる。

肥前路は、大宰府から南下した後、西に折れて佐賀平野を肥前国府まで走る短い駅路であるが、その先は、島原半島から有明海を宇土半島へ渡る肥前・肥後連絡路となっている。わざわざ海岸沿いに西へ張り出す形で駅路をめぐらしているのは、対外的な防備のためと考えられる[10]。

対馬路は、大宰府から福岡平野を北に走った後、西に折れて玄界灘沿いに通り、東松浦半島から海を渡って、壱岐・対馬に至るものである。なお、大宰府路と対馬路は、福岡平野を並行して通ることになるが、ここにも片方を封鎖されても、もう片方が使用できるような軍事的意味がうかがえる。

大宰府路の瓦葺駅館

山陽道の駅家は、外国使節の往来に備えて、奈良時代の半ばごろに駅家を丹塗《にぬ》り白壁瓦葺の施設に改修しているが、それに連なる西海道の大宰府路の駅家も同様の措置がとられた。山陽道の場合は、播磨国を中心に、国府系瓦と呼ばれる駅館に葺かれた瓦の研究が進展し、実際に発掘調査によって、駅家の遺構が検出されている。それに対し、西海道の瓦葺駅館の場合はこれまで研究者の関心が薄く、駅路沿いの瓦出土地の性格については、寺院であると決めつける傾向が強かった。しかし近年、従来寺院とされてきた瓦出土地の再検討が行われるようになり、豊前国到津駅が北九州市の屏賀坂《びょうがさか》遺跡[11]もしくは小倉城内の瓦出土地、[12]筑前国夜《や》久《く》駅が同市の北浦廃寺[13]もしくはその北のリュウド原にある瓦出土地、[14]嶋門《しまと》駅が遠賀町の浜口廃寺、[15]津日《つひ》駅が福津市の畦町遺跡、[16]席打《むしろうち》駅が古賀市の踊ケ浦《おどりがうら》廃寺、[17]夷《ひな》守《もり》駅が粕屋町の内橋坪見遺跡、[18]久爾《くに》駅が福岡市の高畑遺跡[19]に、それぞれ比定されるようになった。このうち嶋門駅については、貞観十八（八七六）年の太政官符によって、その修理は肥後国が担当していたことがわかるが、嶋門駅に比定される浜口廃寺の出土瓦には、熊本県菊池市泗水町の田嶋廃寺と同型式のものがあり、大宰府の強い関与がうかがえる。また、大同二（八〇七）年以降に廃止された、嶋門駅と津日駅の間にあった名称不明の駅家に比定される宗像市の武丸大上《たけまるおおあ》げ遺跡[20]では、実際に大型の掘立柱建物が検出されている。

なお、以上のような大宰府路の瓦葺駅館は、外国使節のための客館の機能を持っているが、おそらく同時期に瓦葺化されたと推測される鴻臚館や、近年発掘された大宰府内の客館と推測されている遺跡[21]とも共通の性格を持っていると考えられるので、それらとの比較検討が望まれる。また、大宰府路の駅館に葺かれた瓦の編年、系統の研究も今後の課題である。

大宰府政庁で出土した贄《にえ》（供物・献上物）に関する木簡は、主厨司《しゅちゅうし》管轄の津厨《つのくりや》から大宰府へ運ばれた贄の一部が途中の駅家に留め置かれたことを示すと推測されているが、[22]津厨は福岡市の海の中道遺跡に比定され、途中の駅家は筑前国の夷守駅の可能性が高い。西垣彰博[23]は、内橋坪見遺跡で出土した瓦と同笵の瓦が、海の中道遺跡や、大宰府が管理していた港と推定される多々良込田遺跡等でも出土していることから、贄の運搬ルートを推測している。また、大宰府路の駅家と想定される遺跡で、大宰府式鬼瓦が出土していることに注目している。

なお、大宰府路以外でも、福岡県筑紫野市の御笠《みかさ》地区遺跡A区[24]が筑前国蘆城《あしき》駅の、二丈町の塚田南遺跡[25]が同国深江駅の、同町の竹戸遺跡[26]が同国佐尉《さい》駅の、筑後市の羽犬塚中道《はいぬづかなかみち》遺跡[27]や前津丑《まえづうし》ノマヤ遺跡[28]が筑後国葛《かつら》野《の》駅の、佐賀県神埼市の吉野ヶ里遺跡志波屋四の坪地区[29]が『肥前国風土記』に見える神埼郡の駅の、嬉野市の大黒町遺跡[30]が肥前国塩田駅の、熊本市の黒髪遺跡[31]が肥後国蚕養《こかい》駅の、鹿児島県姶良《あいら》市の柳ガ迫遺跡[32]が大隅国の蒲生《かもう》駅の可能性をそれぞれ指摘されているが、確定には至っていない。

駅路の敷設時期

西海道の駅路について、明確な敷設時期を記した史料は存在しないが、白村江の敗北による対外危機に備えて造られたと推測される古代山城を結ぶように、「車路《くるまじ》」と呼ばれる直線道がはりめぐらされていることから、木下良[33]は、天智朝としている。たとえば、天智天皇四（六六五）年に築城された古代山城として、大野城と基肄《きい》城が存在する。前者の東方、豊前方面へのルート上に「車路」地名があり、後者の南東、南、南西の方向に、それぞれ「クルマジ」地名がある[34]。また、駅路にあたる『万葉集』に見える「城山道《きのやまみち》」は、基肄城が存在する基山の中腹を通っており、基肄城と駅路の密接な関係がうかがえる[35]。肥後国の鞠智《きくち》城は、最近の発掘調査から、大野・基肄城とほぼ同じころに築城された可能性が高まっているが、同城からも、東、南、西の三方に、「車路」と呼ばれる直線的な道路が放射状に出ている[36]。これらの「車路」のすべてが駅路であったとは限らないが、少なくとも西海道北部における直線的計画道の創設は、この時期であったろう。

「車路」の名称について木下[37]は、「公式令」の計行程条に「車は一日三十里」とあり、その一日約一六キロメートルというスピードから、戦車のような馬車ではなく、牛が引く軍用輜重車《しちょうしゃ》に由来するのではないかと述べている。そして三十里は、標準駅間距離に相当するので、筑後国葛野駅の想定地にあたる筑後市羽犬塚に隣接する前津に「丑ノマヤ」という小字地名があることや、『肥前国風土記』に見える「神埼郡駅一所」に比定される佐賀県神埼市の吉野ヶ里遺跡志波屋四の坪地区で「丑殿」と書かれた墨書土器が出土していることから、駅家には、牛もいたのではないかと推測している。

ところで、直線的計画道としての西海道駅路の敷設時期について、近江俊秀[38]は、八世紀の初めごろとしている。その根拠は、太宰府市原口遺跡で検出された七世紀終りごろに敷設されたとされる幅八メートルの道路はゆるやかにカーブを描いているが、近江はこれを初期の駅路と解釈し、付近の前田遺跡で発掘された直線的な道路を、次の段階の駅路とする。近江は、直線的計画道としての東山道、北陸道、山陰道の敷設は、七世紀末ごろとし、西海道が遅れることについて、当時付近に集落等が密集していたため、直線道の整備がかえって遅くなったとする。しかし、今のところ、こうした事例は一例のみであり、これを西海道全体に敷衍《ふえん》するのは疑問である。福岡県上毛《こうげ》町の垂水《たるみ》廃寺は、七世紀後半の成立とされるが、この寺域に接して西北から東南に直線的に走る駅路に規制されて斜め方位をとっている。ということは、駅路の敷設は、寺院の建立と同時か、それ以前に遡るであろう[39]。駅路にとって緊急性ということに本質的な意味があることを考えると、特に対外的な緊張関係にさらされた西海道北部の場合、駅路は当初から直線道として、天智朝ごろに敷設されたのではないだろうか。

条里地割と駅路

なお、条里地割との関係から、駅路の敷設時期を考える方法もある。一町（約一〇九メートル）方格の条里地割内に、帯状に一町に満たない地割が連続するものを「余剰帯」と呼ぶが、これが道路敷にあたる場合が多い。すなわち、道路敷としての余剰帯が存在する場合は、駅路の敷設が条里地割の施工に先行するか同時ということになる。余剰帯としての駅路は、西海道以外の諸道には認められるが、西海道のみには存在しないとされてきた。このことから、西海道では、条里地割の形成が駅路の敷設に先行するという見方もあった。しかし、次のような事例は、これを否定することになろう。木下[40]は、「車路」地名をもとにして筑後国における御井《みい》郡から山門《やまと》郡にかけての駅路を復原したが、駅路の御井・三潴《みむま》・下妻《しもつま》の各郡の通過部分は、それぞれわずかに方位を変えている（図3）。それはまた、各郡の条里地割と同方位である。低地の条里地割を基準に台地上の駅路を設定したとは考えられないから、こ

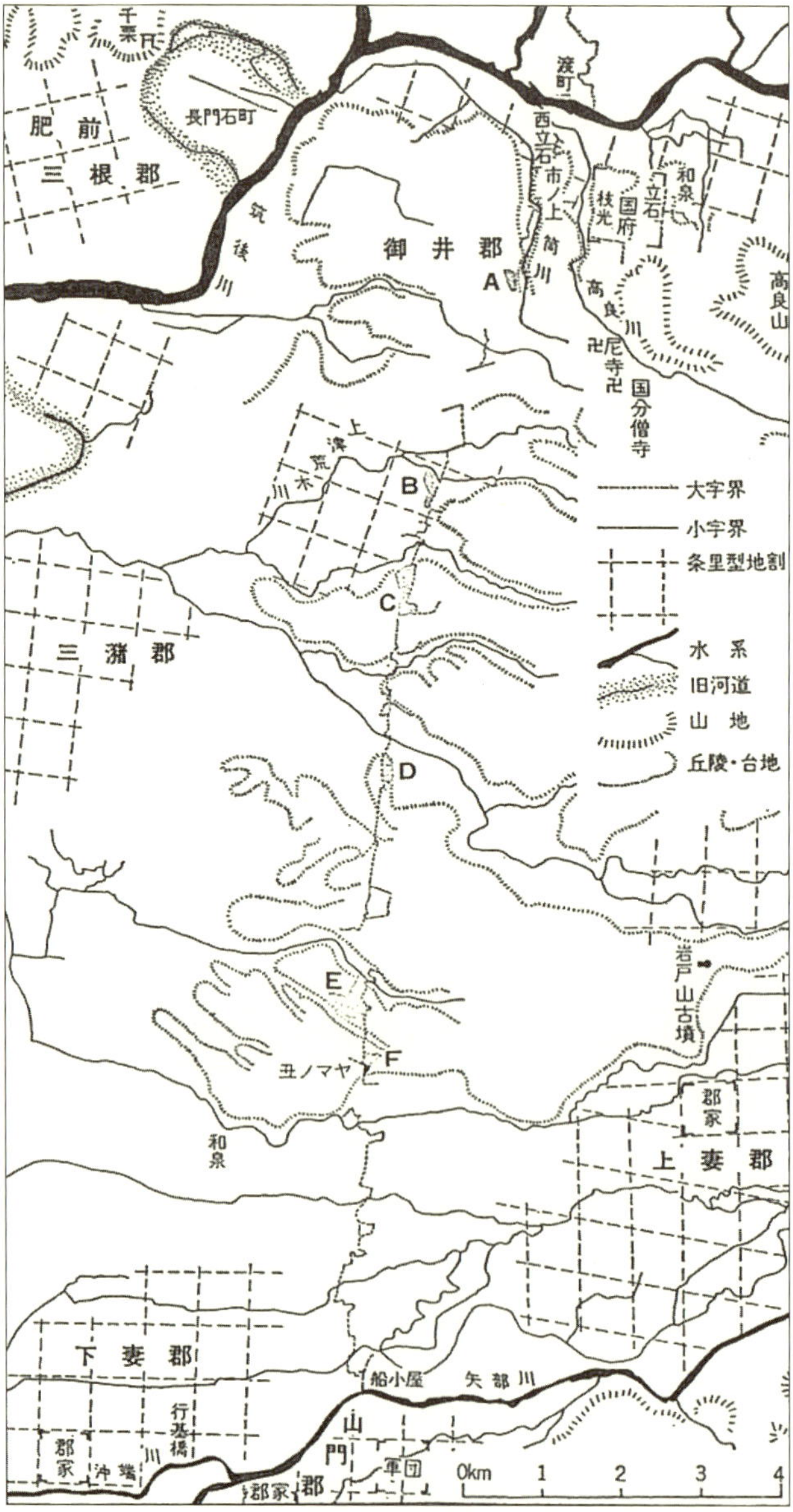

図３　「車路（くるまじ）」（Ａ～Ｆ）地名をもとに復原した筑後国の想定駅路（木下良『日本古代道路の復原的研究』吉川弘文館より転載）

の場合も駅路を基準に条里地割が施工されたと見なすべきであろう。このような事例などから、西海道駅路における余剰帯の欠如は、条里地割の施工が駅路の敷設に先行したからではなく、木下[41]が述べるように地域的特性と解したい。すなわち、他の諸道の場合は、駅路の両側溝をそれぞれ基準線として、条里地割を形成したのに対し、西海道駅路の場合は、どちらか一方の側溝もしくはセンターラインなど一本の線を基準として、条里地割を施工したのであろう。

ところで、最近小鹿野亮[42]は、大宰府の南方、朱雀大路の延長線上に、幅約一八メートルの条里地割に対する余剰帯を検出したので、これが西海道における余剰帯の初めての事例となる。大宰府のすぐ南というかなり特殊な地域であり、西海道駅路一般に敷衍《ふえんか》化するのは難しいとも考えられるが、今後も西海道において余剰帯が存在する例はないか、注意すべきであろう。

なお、隼人の勢力下にあったため、律令国家に組み込まれるのが遅かった南九州においても、姶良市の城ヶ崎遺跡[43]で、駅路にあたると思われる大規模な道路状遺構が検出されている。発掘調査の結果、少なくとも八世紀前半代には造られていたとされるが、西海道中・北部のように、天智朝までは遡らないであろう。

駅路の変遷

道幅が約九～一二メートルで、一直線に走る典型的な駅路は、八世紀末ごろにいったん廃絶する傾向がある。たとえば、水城の東門ルートとも呼ばれる大宰府路上の福岡市板付遺跡第四七次調査[44]や同市の高畑遺跡[45]で検出された駅路、大宰府周辺の太宰府市前田遺跡[46]や筑紫野市の大宰府条坊跡第九九次調査[47]で検出された駅路、佐賀平野を約一七キロメートル一直線に走る肥前路に相当する駅路[48]の例などが挙げられる。このような傾向は全国的に認められ、平安時代の初めごろに、駅路の再編成が行われたためと考えられている[49]。

右の事例のうち、廃絶後の駅路のルートがどう変わったか判明しているのは、佐賀平野の肥前路である。すなわち、奈良時代の駅路の南に条里二里分離れて平行する幅約六メートルの道路痕跡が存在し、佐賀市西千布遺跡の調査の結果、八世紀末以降の築造の可能性があるとされる[50]。その他の事例の場合は不明であるが、条里地割に斜行する水城の東門ルートについて木下[51]は、廃絶後の駅路は、条里地割に沿うルートに変わったのではないかと推測している。

伝路について

駅家と駅家を結ぶ駅路に対して、郡家と郡家とを結ぶ官道を、研究者は伝路と呼んでいる。筑後国府の東方にあたる久留米市東合川町のヘボノ木遺跡(52)では、東へ向う幅約五~八メートルの道路状遺構が検出されている。松村一良(53)は、その延長線上に、大字・小字界や現在道が断続的に約一〇数キロメートルにわたって続き、それらが耳納山地北麓に東西に並ぶ山本・竹野・生葉《いくは》三郡の郡家想定地を連ねることから、これらを伝路と解釈している。

また、先述した佐賀平野を約一七キロメートル一直線に走る駅路の北でも、佐賀県みやき町の高柳三本桜遺跡(54)や本村遺跡(55)、上峰町の八藤遺跡(56)では、幅約五・五~六メートルの道路状遺構が検出され、その延長線上には、上峰町の堤土塁(57)と呼ばれる版築による土堤状の遺構が存在し、これも道路の基底部にあたると解釈されている(58)。この一連の道路状遺構の東への延長線上には、肥前国養父《やぶ》郡家に比定される鳥栖市の蔵上遺跡(59)が、反対に西への延長線上には、神埼郡家に比定される神埼市の吉野ヶ里遺跡(60)が存在するので、これもまた伝路にあたるのであろう。すなわち、駅路の北に、これとやや方位は異なるものの伝路が通り、駅路と伝路とは並行していたことになる。

これら駅路と伝路は、やはり全国的な傾向として、平安時代の初めに統合されていく。すなわち、伝馬は、延暦十一(七九二)年にいったん廃止され、同二十一~二十四年の間に再設置されたと推測されるが、その際、原則として駅路に沿う郡に置かれ、これが後の『延喜式』に見える伝馬の配置状況に連なると見なせる。伝馬が再設置された場所は、一般的にそれ以前と同じく郡家であったと考えられるが、『延喜式』によると、西海道の場合、出羽国などと同様に、駅家に伝馬が置かれている所がある。これは、延暦年間の伝馬再設置の際に行われたのであろう。具体的には、肥前・肥後・薩摩・大隅の四国では、すべての伝馬が駅家に置かれている。筑後国では、御井・上妻両郡と狩道《かりじ》駅に、それぞれ伝馬が置かれている。御井郡家は先述した久留米市のヘボノ木遺跡に比定されるが、上妻郡家について日野尚志[61]は、八女市街西北部に想定した。両郡家は、それぞれ駅路から離れるので、木下[62]は、伝路は駅路とは別路で、狩道駅で両路は合流したと見ていた。その後、日野の上妻郡家想定地に近い福岡県広野町の大坪東遺跡・正恵大坪遺跡[63]で、郡家の一部と見られる遺構が検出されたので、上妻郡家は駅路に沿わないことが確実となった。日野[64]は、この付近の伝路のルートを一部具体的に復原している。すなわち、筑後国の大部分では、平安時代以降も、駅路と伝路が並行する古態が残ったのであろう。

西海道の保存と活用

以上見てきたように、西海道は北部を中心に、官道の遺跡が多数発掘され、全国でも北関東と並んで、研究の先進地域と言える。そして、それらの一部については、保存や展示が行われている。

例えば、福岡県二丈町の塚田南遺跡[65]では、七世紀末から八世紀ごろの掘立柱建物と道路状遺構が検出され、これらは『万葉集』にも見える筑前国深江駅と駅路の遺構である可能性が高いが、二丈町では「塚田南遺跡万葉公園」として、前者を柱列で、後者を側溝をかたどった溝で復原整備している。同町では、この想定駅路の東への延長線上で検出された石崎・曲り田遺跡[66]の緩斜面を削り出して造られた道路状遺構についても、糸島斎場の中に、その形状を残す形で復原整備している。

二丈町の二遺跡の場合は、発掘された道路の形状が立体的にわかるように復原されているが、これらは公園化することによって可能になったもので、その場所が遺跡発掘後に、他の目的で使用されている場合には工夫が必要となる。福岡県太宰府市の島本遺跡[67]で発掘された古代駅路は、マンション建設に伴うものであったが、ピロティ式の駐車場には、その側溝部分に赤い塗装がされている。同様に、福岡県筑紫野市の峠山遺跡[68]で検出された古代道路状遺構の場所は、現在県道となっているが、その歩道の部分に古代の路面および側溝の幅で、それぞれ赤と黄色のペイントがなされている。また、古代駅路が発掘された太宰府市の前田遺跡[69]の場所は、現在公園となっているが、四カ所にタイルによる側溝の表示があり、間の砂場部分に、それらを結んで側溝の線を引けば、即席で古代駅路の規模を実感するということができるというユニークな内容となっている。佐賀県の吉野ヶ里遺跡[70]の場合は、遺跡内に古代駅路の切り通しが残り、その北側法面《のりめん》や切り通しから西に延びる駅路の両側溝などが発掘された。吉野ヶ里遺跡は、国の特別史跡となって国営公園化されたため、当然古代駅路の切り通しもその中に含まれ、そのまま保存されるという理想的な状態となった。ただし、同遺跡の展示は現在のところ弥生時代が中心で、古代駅路については特に説明板もないので、改善を望みたい。

次に古代官道の活用面としては、まず地下の道路遺構の場所だけではなく、地表に残っている痕跡を含めて、古代道路をある程度長い距離歩くことによって、歴史を体感するいわゆるウォーキングが挙げられる。このような試みを行った例としては、福岡県豊津町教育委員会の主催による豊前路や、長崎街道ネットワーキングの会の主催による肥前・肥後連絡路の例などがあるが、最も規模が大きかったのは、市民参加の古代官道調査・活用事業実行委員会の主催によって、平成二十～二十一年度に十回にわたって行われた福岡県内のウォーキングであろう。これらは、毎回詳しい地図が用意され、専門家による丁寧な説明もあり、大変好評であった。同委員会の活動は、ウォーキング以外にも、市民フォーラムやシンポジウムの開催、地域の伝承的調査を行うワークショップ、中学校での古代官道勉強会としてのスクールフォーラム、子供向けの古代官道読本の制作など多岐にわたるものであった。これらは、国土交通省による「『新たな公』のコミュニティ創生支援モデル事業」として選定されたものであったが、いわゆる事業仕分けによって、二年間で活動を停止せざるを得ない状況に至ってしまった。しかし、平成二十年度の成果報告書[71]がまとめられており、今後の古代官道の活用を考える上で、大変参考になろう。

註

（1）坂本太郎『古代の駅と道』吉川弘文館、一九八九年、五九～六〇頁
（2）足利健亮「西海道・交通」（藤岡謙二郎編『日本歴史地理総説』吉川弘文館、一九七五年）
（3）武部健一『完全踏査続古代の道――山陰道・山陽道・南海道・西海道』吉川弘文館、二〇〇五年、一九〇～一九二頁
（4）木本雅康「西海道における古代官道研究史――歴史地理学の立場から」（『古代交通研究』一二、二〇〇三年）
（5）木下良「古代官道と条里制」（香春町史編纂委員会編『香春町史　上』香春町、二〇〇一年）
（6）前掲註（2）

(7) 大槻如電『駅路通　下巻』六合館、一九一五年、八五頁
(8) 永山修一「南九州の古代交通」（『古代交通研究』一二、二〇〇三年）
(9) 武久義彦「明治期の地形図に見る大隅国北部の駅路と大水駅」（『奈良女子大学研究年報』三八、一九九四年）
(10) 木本雅康「古代の官道」（長崎県教育委員会編『長崎街道――長崎県歴史の道〈長崎街道〉調査事業報告書』長崎県教育委員会、二〇〇〇年）
(11) 日野尚志「西海道における大路（山陽道）について」（『九州文化史研究所紀要』三二、一九八七年）
(12) 前掲註（3）一九六頁
(13) 渡辺正気『日本の古代遺跡三四　福岡県』保育社、一九七八年、一七九頁
(14) 前掲註（11）
(15) 前掲註（13）
(16) 前掲註（11）
(17) 木下良『事典日本古代の道と駅』吉川弘文館、二〇〇九年、二九五頁
(18) 前掲註（11）
(19) 木下良『日本古代律令期に敷設された直線道の復原的研究』（科研報告書）國學院大學、一九九〇年、八八頁
(20) 宗像市教育委員会編『宗像埋蔵文化財発掘調査概報――一九八三年度』宗像市教育委員会、一九八四年、四八～五四頁
(21) 太宰府市教育委員会編『大宰府条坊跡四四』太宰府市教育委員会、二〇一四年
(22) 松川博一「考察　木簡」（九州歴史資料館編『大宰府政庁跡』九州歴史資料館、二〇〇二年）
(23) 西垣彰博「福岡県糟屋郡粕屋町内橋坪見遺跡について」（『国士舘考古学』六、二〇一四年）
(24) 筑紫野市教育委員会編『御笠地区遺跡』筑紫野市教育委員会、一九八六年
(25) 二丈町誌編纂委員会編『二丈町誌（平成版）』二丈町、二〇〇五年、二七一～二七五頁
(26) 二丈町教育委員会編『二丈町文化財調査報告書第一集』二丈町教育委員会、一九七九年。福岡県教育委員会編『二丈・浜玉道路関係埋蔵文化財調査報告』福岡県教育委員会、一九八〇年
(27) 筑後市教育委員会編『筑後市内遺跡群Ⅵ』筑後市教育委員会、二〇〇五年
(28) 筑後市教育委員会編『前津丑ノマヤ遺跡』筑後市教育委員会、二〇〇七年
(29) 佐賀県教育委員会編『吉野ヶ里』佐賀県教育委員会、一九九二年
(30) 塩田町教育委員会編『大黒町遺跡発掘調査報告書』塩田町教育委員会、一九九四年
(31) 熊本大学埋蔵文化財調査室編『熊本大学埋蔵文化財調査室年報三』熊本大学埋蔵文化財調査室、一九九七年
(32) 始良市教育委員会編『柳ガ迫遺跡』始良市教育委員会、二〇一一年
(33) 木下良「近年における古代道研究の成果と課題」（『人文地理』四〇－四、一九八八年）
(34) 木下良『事典日本古代の道と駅』吉川弘文館、二〇一〇年、三八八頁。木本雅康「大野城・基肄城と車路について」（鈴木靖民・荒井秀規編『古代東アジアの道路と交通』勉誠出版、二〇一一年）
(35) 木下良「古代山城と軍用道路」（鳥栖市教育委員会編『鳥栖

市誌　第二巻　原始・古代編』鳥栖市、二〇〇五年）。木本雅康「基肄・養父両郡の官道」（基山町史編さん委員会・基山町史編集委員会編『基山町史　上巻』基山町、二〇〇九年）

(36) 木下良「日本古代官道の復原的研究に関する諸問題」（『人文研究』七〇、一九七八年）。鶴嶋俊彦「古代肥後国の交通路についての考察」（『駒沢大学大学院地理学研究』九、一九七九年）。同「肥後国北部の古代官道」（『古代交通研究』七、一九九七年）。木本雅康「鞠智城西南部の古代官道について」（熊本県教育委員会編『鞠智城跡Ⅱ　論考編二』熊本県教育委員会、二〇一四年）

(37) 木下良「古代官道の軍用的性格――通過地形の考察から」（『史朋』四七、一九九一年）

(38) 近江俊秀『道路誕生――考古学からみた道づくり』青木書店、二〇〇八年、一五五～一六一頁

(39) 木本雅康「古代道路に規制されて斜めの方位をとる建物について」（『考古学ジャーナル』五六六、二〇〇七年）

(40) 木下良「『車路』考――西海道における古代官道の復原に関して」（藤岡謙二郎先生退官記念事業会編『歴史地理研究と都市研究　上』大明堂、一九七八年）

(41) 木下良「古代的地域計画の基準線としての道路」（『交通史研究』一四、一九八五年）

(42) 筑紫野市教育委員会編『立明寺地区遺跡――C地点　第一次発掘調査』筑紫野市教育委員会、二〇一〇年、一一二～一一四頁

(43) 姶良市教育委員会編『城ヶ崎遺跡・外園遺跡』姶良市教育委員会、二〇一二年

(44) 福岡市教育委員会編『板付周辺遺跡調査報告書（一〇）』福岡市教育委員会、一九八五年

(45) 福岡市教育委員会編『高畑遺跡――第一八次調査』福岡市教育委員会、二〇〇二年

(46) 太宰府市教育委員会編『太宰府・佐野地区遺跡群Ⅸ、Ⅹ、Ⅺ、一四』太宰府市教育委員会、一九九九～二〇〇二年

(47) 筑紫野市教育委員会編『太宰府条坊跡　第九九次発掘調査』筑紫野市教育委員会、一九九七年

(48) 七田忠昭「肥前神埼郡における駅路と周辺の官衙的建物群の調査」（『条里制研究』四、一九八八年）

(49) 木下良「日本の古代道路――駅路と伝路の変遷を中心に」（『古代文化』四七‐四、一九九五年）

(50) 佐賀県教育委員会編『古代官道・肥前路』佐賀県教育委員会、一九九五年

(51) 木下良『日本古代道路の復原的研究』吉川弘文館、二〇一三年、三四三頁

(52) 園井正隆「ヘボノ木遺跡」（久留米市史編さん委員会編『久留米市史　第一二巻　資料編〈考古〉』久留米市、一九九四年）

(53) 松村一良「古代官道跡」（久留米市史編さん委員会編『久留米市史　第一二巻　資料編〈考古〉』久留米市、一九九四年）

(54) 中原町教育委員会編『原古賀遺跡群（3）』中原町教育委員会、一九九二年

(55) 中原町教育委員会編『本村遺跡』中原町教育委員会、一九九九年

(56) 上峰町教育委員会編『八藤遺跡Ⅱ　堤土塁跡Ⅱ』上峰町教育委員会、一九九八年。同編『八藤遺跡Ⅲ』上峰町教育委員会、一九九九年

(57) 上峰村教育委員会編『堤土塁跡』上峰村教育委員会、一九七八年。前掲註（56）『八藤遺跡Ⅱ　堤土塁跡Ⅱ』

(58) 西谷正「朝鮮式山城」（『岩波講座日本通史　第三巻　古代2』岩波書店、一九九四年）

(59) 鳥栖市教育委員会編『蔵上遺跡Ⅱ』鳥栖市教育委員会、二〇

〇〇年
(60) 前掲註(29)
(61) 日野尚志「筑後国上妻郡家について」(『史学研究』一一七、一九九二年)
(62) 前掲註(49)
(63) 広野町教育委員会編『大坪東遺跡　正恵大坪遺跡』広野町教育委員会、二〇〇四年
(64) 日野尚志「古代の官道」(熊本県立装飾古墳館分館　歴史公園鞠智城・温故創生館編『鞠智城とその時代』熊本県立装飾古墳館分館　歴史公園鞠智城・温故創生館、二〇一一年)
(65) 前掲註(25)
(66) 二丈町教育委員会編『石崎　曲り田遺跡――第三次調査――(中)』二丈町教育委員会、二〇〇一年
(67) 太宰府市教育委員会編『太宰府・吉松地区遺跡群1』太宰府市教育委員会、二〇〇五年
(68) 筑紫野市教育委員会編『峠山遺跡　第三次発掘調査』筑紫野市教育委員会、二〇一三年
(69) 前掲註(46)
(70) 前掲註(29)
(71) 市民参加の古代官道調査・活用事業実行委員会編『鴻臚館～大宰府・古代ハイウェイを探る――古代官道ロマン――成果報告書』市民参加の古代官道調査・活用事業実行委員会、二〇〇九年

付記
本稿執筆にあたり、左記の方々に大変御世話になった。末筆ながら、ご芳名を記して感謝申し上げる次第である。
井上信正　上村英士　小鹿野亮　小林勇作
佐藤浩司　村上敦

木本雅康（きもと・まさやす）……一九六四年生。國學院大學大学院文学研究科博士課程後期単位取得満期退学。現在、長崎外国語大学外国語学部教授。専門は歴史地理学。著書に『古代の道路事情』(吉川弘文館)、『遺跡から見た古代の駅家』(山川出版社)、『古代官道の歴史地理』(同成社) がある。

古代大宰府への道

小鹿野　亮
Ogano Akira

はじめに

大宰府周辺は、時代を問わず福岡平野と九州内陸部とを結ぶクロスロードであり、現在でも幾重にも基幹動脈が縦走している。これは、いわゆる二日市地狭帯と呼ばれる沖積地が細長い回廊状地形をなしていることに起因している(図1)。古代道の敷設においても同様の地形的制約を受けていたから、大宰府へ向かったいにしえの道はこの地に集中する結果となった(図2)。

古代においては、西海道諸国の官道は大宰府を目指していた。注目すべきは、水城側の一方を除いてはすべてが大宰府南方の筑紫野市を通過している点である。これは、史料上の記録はないものの、大宰府の正面中央に位置する羅城門（推定）を通過するために、単なる通過点としてではなく広域交通の起点となる位置にあったことに起因すると考える。

古代道は、旧道として命脈を保っているものも少なくないが、大抵は地中に埋もれている。発掘調査の成果によって直線的に延びる大道であることが分かってきたので、崖状の直線的な地形や堤状の土盛り、帯状の空間として連続している地形を空中写真や古地図などを使って古代道を探索する。また、「クルマジ（車路・車地）」、「大道」、「ツクリミチ（作道・造道）」、「立石」等の地名が手がかりになることが歴史地理学の成果として認知されているので、これらを複合的に集めて検証する。根気が要るが、推理のようなスリリングな楽しみもある。

図１　大宰府周辺航空写真（北から）

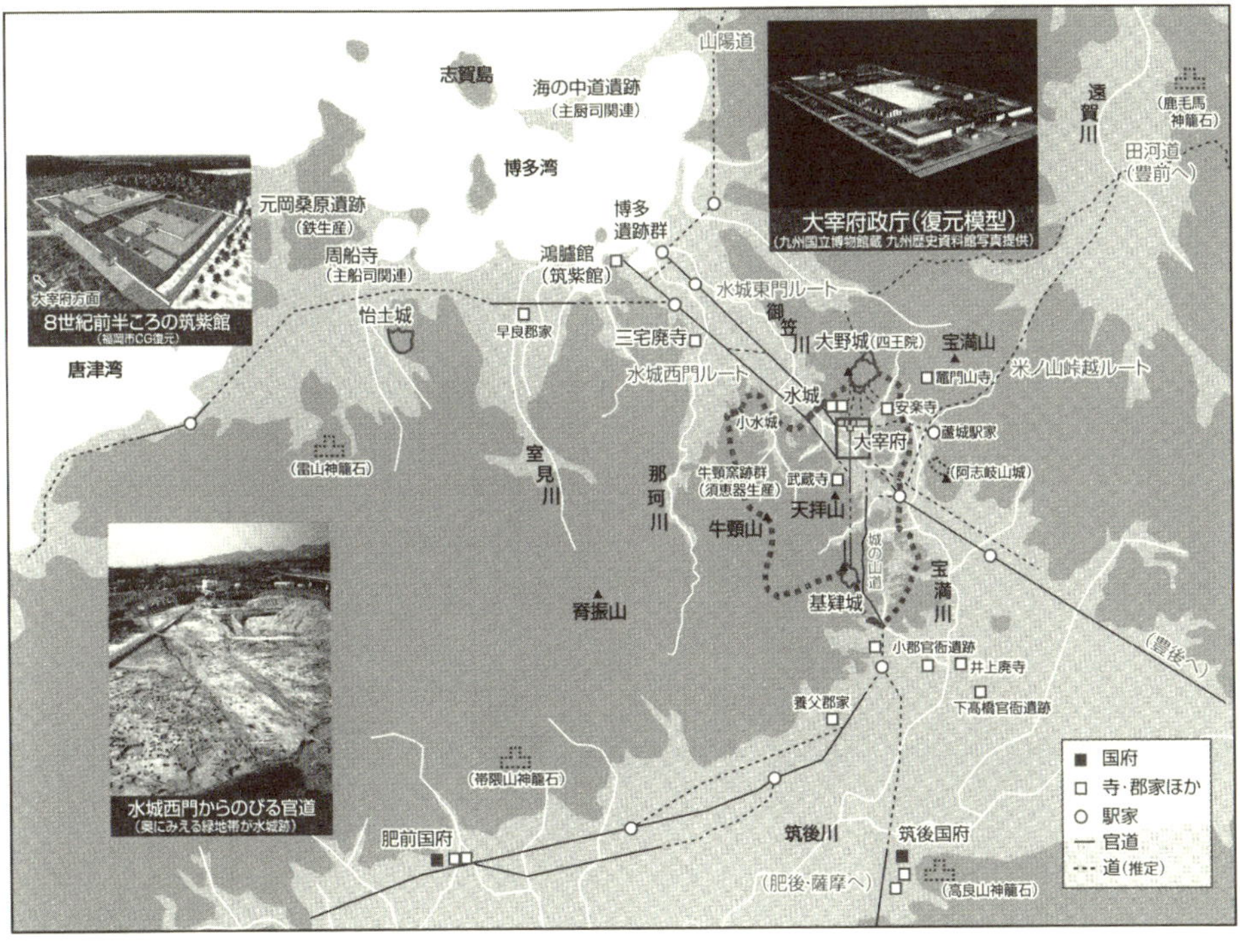

図２　大宰府周辺の古代道（「まるごと太宰府歴史展 2014」図録より転載）

古代大宰府への道

水城東門道と西門道

昭和五十一（一九七六）年に、西門道は水城を通過した後に太宰府市関屋付近で政庁方面へ求心され、東門道と合流する復元案が日野尚志氏によって提示されたが、昭和五十四年の春日公園内遺跡の調査（水城西門道）が契機となり、官道や大宰府条坊路が多く確認されるようになった。その後の調査成果の蓄積と太宰府市前田遺跡において側溝敷設型の道路遺構（側溝芯心距離一三五メートル、路面幅一一四メートル、検出長約一五〇メートル）が検出されたことを契機とした山村信榮氏による検討により、東門と西門をそれぞれ通過して併走する古代道が復原されている（図3）。

路面としての公的管理は八世紀後半にはゆるみ、連続した通行帯としての機能は九世紀にはなくなっていたものと考えられており、前田遺跡においては九～十世紀の空間利用は顕著でなく、八世紀後半には路面部にごみ穴が掘削されている。これは、筑紫野市の大宰府条坊跡九十九次調査でも同様で、官道を横切った墳墓群が九世紀中頃～後半にかけて造営され、この墓域が道路を横断していることから、大宰府と筑紫《つくしの》館《むろつみ》（後の鴻臚館）を連絡する儀礼的な外交の道としての主要官道が九世紀の段階ではすでに機能を失っていたことを示している。

図３　水城大堤と東門と西門

また、従前では、このルートは杉塚廃寺の東脇を抜けて真っ直ぐ延長し筑紫野市湯町付近で大宰府中央大路（朱雀大路）の延長ラインと合流するものと考えられていたが、その想定延長について条坊九十九次地点の南先から東に折れ、条坊南端の東西道にのって朱雀大路に接続され

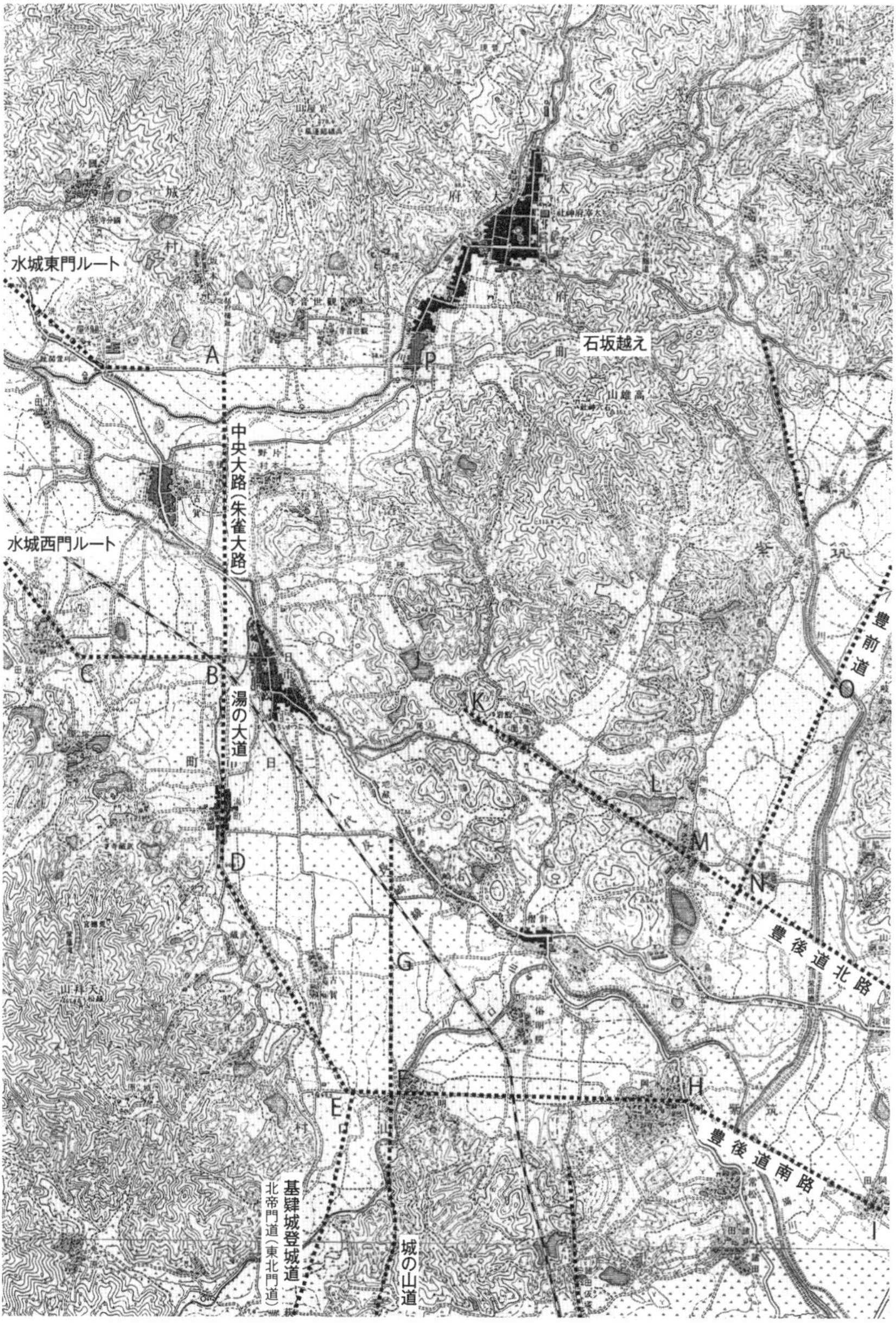

図 4　大宰府周辺の古代道
（明治 33 年測量・大日本帝国陸軍参謀本部陸地測量部発行の旧版地図に加筆）

る可能性が想定できる。これは、杉塚廃寺の東方約八五〇メートルに位置する場所で、幅九メートルと極めて広い推定右郭二十二条路が見つかったことによる。大宰府条坊の南限にあたる可能性がある道路であり、官道級の幅であることから、西門道は、二十二条路と交わるところから真東に折れて、進路を変えているのではないかと推測している（図4）。

杉塚廃寺は、推定大宰府条坊の南西の角地にあたるところで、その北東隅の土地には元々斜めに二つに分かれた段差があって、その方向が水城西門道のルートと直線状にほぼ一致しており、西門道が延びてきたものの遺存地割りと考えられる。ちょうど西の対面には杉塚廃寺があって道はその北東隅をかすめるようにして延びていたものと考えられる。

また、この場所は杉塚廃寺の寺域にも関わる重要な場所である。杉塚廃寺の規模や伽藍配置はほとんど分かっていないが、周囲の調査からも寺域はそれ程広がらず、一町四方（一町は一〇八メートル）程度であったと推測している。

また、二十二条路が南限路とすれば、中央大路（朱雀大路）と交わるところには羅城門があったのではないか。大宰府では、大陸からの使節団を迎えるための国家的な儀礼空間があったわけで、文献史料には羅城門所在の記録はないものの、秘やかにロマンを温めている。

朱雀大路と湯大道～九州各地への古代道の出発点

筑紫野市二日市西には、「湯大道」という小字地名とともに南北に細長い地割りが残っている箇所がある。現在は公園の名前としてのみその名を残すが、大宰府の中央大路（朱雀大路）は、発掘調査によってその所在及び規模が判明しているので、その南延長ラインにあたるこの場所は、推定羅城門（史料上の記述はない、大宰府条坊の南限）を経て南下した古代道の名残と考えられる（図5・図6）。

朱雀大路は、現在までに筑紫野市と太宰府市にまたがって二十カ所以上の発掘調査が行われ、三五～三六メートルの幅であったことが分かっており、平城京の朱雀大路のおよそ二分の一の規模であった。大宰府の「背骨」であると同時に、各地への古代道と大宰府政庁とを直結する道路であることから、その歴史性を最も象徴的に表す道路である。作道年代は今のところ確定的ではないが、大路路面の表層砕石から出土した「和銅八年」銘のヘラ描きがある須恵器の甕が一点出土しており、和銅八年（七一五年、霊亀元年に改元）をそう遡らない時期に大路が施工されているのではないかと推測している（図7）。現在の南北道路（筑紫野市二日市中央五丁目付近）が朱雀大路そのものでその真ん中あたりに相当する。この付近は東西両方の側溝が見つかっている。真正面が四王寺山で、市民の生活道として今も命脈を保っている。古代道路は管理されなくなると縮小して道幅が狭くなり、実用的な道路に変化

図5　現代に残る朱雀大路とその延伸道路の名残り

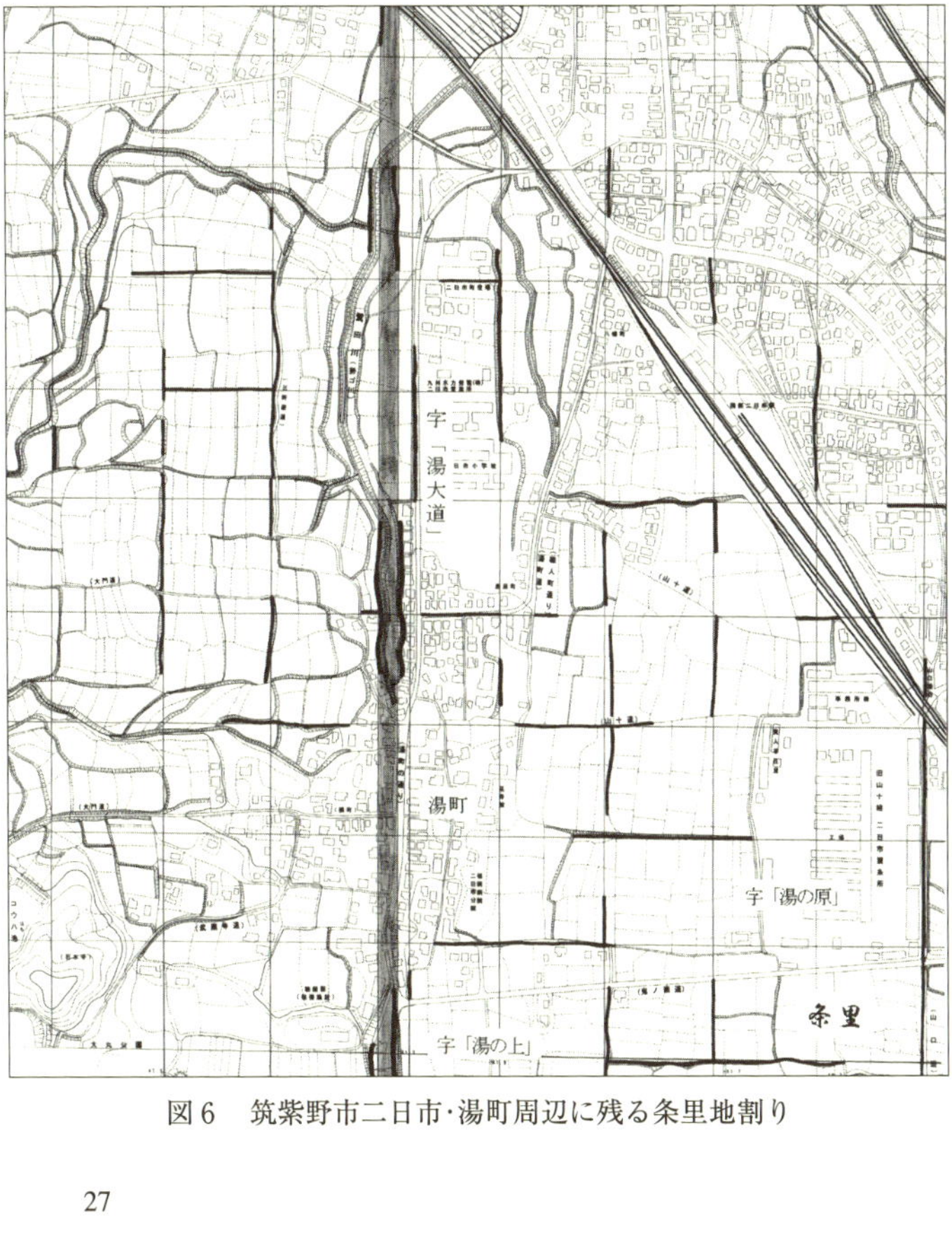

図6　筑紫野市二日市·湯町周辺に残る条里地割り

していく。
話を戻そう。「湯大道」の「湯」は、現在の二日市温泉（次田《すいた》の湯）を示していることに異論はないと思われるので、そこへ向かった「大道」と理解することができる。筑紫野市教育委員会が作成した「筑紫野市古地形図」からの条里地割りの分析によれば、この大道を推定する所に条里余剰帯が認められ、今の鷺田川が流れている場所に三カ所の直線的な部分が認められる。

古代の次田の湯に何があったのか、史跡としての温泉の意味を考える必要性も今後は生じるが、大伴旅人が「湯の原に　鳴く蘆田鶴は　わがごとく　妹に恋ふれや　時分かず鳴く」（巻六―九六一）と詠んだ「湯の原」は、二日市温泉の東方約四〇〇メートルに小字地名として残っており（ちなみに筑紫野市歴史博物館が所在する付近である）、大伴旅人が神亀五（七二九）年から翌六年（八月に天平元年に改元）までの秋冬頃、二日市温泉に浸かった折り、湯の原に絶え間なく鳴いている鶴の声を聞いて詠んだ歌であることから、大宰府の居所から朱雀大路を通り、湯大道を経由して二日市温泉に至ったということになる。

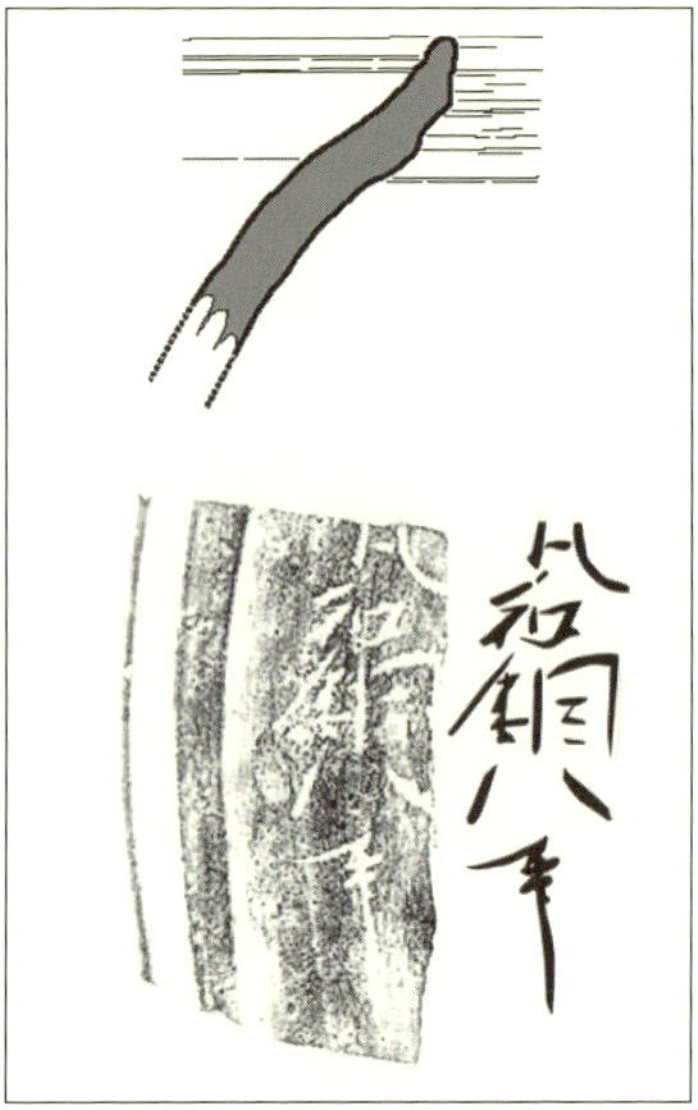
図7　朱雀大路出土の和銅八年銘須恵器

豊後道（南路）　大宰府南東の平野を突き抜ける官道

平成六（一九九四）年の岡田地区遺跡（筑紫野市岡田）が唯一の発掘事例であると同時に、大宰府から南東方面への官道の初例でもある（図8）。日野尚志が推定していた豊後方面へのルートを証明した遺跡である。大宰府と豊後国府間を連絡する駅路であろう。『延喜式』兵部省には、長丘・隈埼・広瀬・杷伎・石井・荒田・由布・長湯・高坂の各駅名が記されており、豊後国府へ至っていたことが分かる。

道路遺構は側溝敷設型でその規模が規格的であり、側溝芯心距離で九・〇±〇・二メートルの幅を約三六〇メートルにわたって維持している。官道は方二町に展開する官衙的な施設の中心を抜け、柵状遺構に仕切られた六つのブロック内には掘立柱建物群が配置されており、北東の建物群は中心となるロの字型配置の建物があり、「傔」との記載がある墨書土器が多数出土していることから、武官的な性格を持つ「傔仗《けんじょう》」が駐在したとの説を導いている。

図8　岡田地区遺跡の古代道

年代については、上限は不明であるが、側溝の主たる埋没の時期は八世紀末～九世紀初頭の時期で官衙設置時に周辺の再整備（整地）が行われており、八世紀中頃～後半代が中心になると考えられる。この時期を境に急速に衰退し、十一世紀中頃以降には廃道になっていたものと推測される。

豊後道（北路）　丘越えの古代官道と「大人足形」

このルートの他地点の検出例は今のところ皆無であるが、太宰府市高雄～筑紫野市山家間においては、先述の岡田地区遺跡の北方約一キロにほぼ並走して延びる道路遺構の存在が想定できる。江戸時代の『太宰府旧蹟全図』中に記載される地名に筑紫野市大字牛島～針摺間に「大人足形」という地名が残っており、木本雅康氏が巨人伝説と駅制との関係を指摘されている（図9）。

この「大人足形」については、寛政十（一七九八）年の『筑前国続風土記附録』に「○此村の境地に元村といふ所あり。昔の村跡也。延宝年中今の地に移すといふ。元村の地に地蔵の石仏あり。正中二年八月十日と彫れり。昔民居ありし時造立せし物なるへし」、また、「此村（※元村）の乾二町許に大人の足形とて丸く窪き所水溜り二反余あり。山城国乙訓郡大谷新田村にも、大人の足形の井といふあり。かかる類ひなるへし」（傍点筆者）とある。正中二（一三二五）年銘の地蔵の石仏とは、現在筑紫野市指定文化財となっている牛島地蔵石仏（画像板碑）で、その原位置は筑紫野市大字牛島字元村（現福岡県立盲学校の北側）であり、ここから乾二町の「丸く窪き所」を考えると、太宰府

図９　「太宰府旧蹟全図（南図）」（筑紫野市歴史博物館蔵）に見られる大人足形地名

市との市境にある片谷池がそれにあたる可能性が最も高い。東方に開く谷を堤で塞いでいるため、現況では非常に大きな池となっているが、元々の池は二反余りであった可能性が高く、また、当該地には筑紫野市と太宰府市の直線行政境が約一キロにわたって連続しており、このルートを大宰府方面（北西）に延長すると、周辺地形から考えて太宰府市高雄付近で西に折れ、路線を東西方向に変更し、そのまま既存道路の位置を西に進んで、朱雀大路延長の官道にアクセスするものと考えられる。これを仮に「北路」と呼んでおく。この路線沿いには「鯰石《なまずいし》」や「鍬《くわ》ノ柄《え》橋」等の菅原道真公に関わる伝説地が多く残されていることも偶然ではないのかもしれない。

　木下良氏は、地域計画の基準線としての道路、または古代官道の軍用的性格を鑑み、古代道路の複線的な性格について言及しているが、大宰府から北西方向の水城西門道、東門道の二つの路線に対するように、南東方向も岡田地区遺跡のルート（南路）とこのルート（北路）との二路線が派生しているようである。なお、この官道を東に延長すると朝倉郡夜須町の八並遺跡（夜須郡衙推定地）に到達する。また、奇しくもこの

ルートは、江戸時代の街道（日田街道）と一部に一致する箇所も見られ、興味を引く所である。

城山道と基肄城をとりまく道（北帝門道・東北門道）

筑後守葛井連大成が詠んだ『万葉集』に収録される歌にその記載がある。大宰帥大伴卿が京に上がりし後に、筑後守葛井連大成が悲嘆《かな》しびて作る歌一首「今よりは　城山道は　寂しけむ　我が通はむと　思ひしものを」（巻四－五七六）と『万葉集』に登場するのが唯一で、ほとんど未解明な路線であった。城山道の検討は蘆城駅家や長丘駅家の比定とともに昭和初期に『筑紫史談』、『肥前史談』上で久保山善映氏や野々口永二郎氏らによる論争になって以来のことで、近年では木下良氏や木本雅康氏によって基肄《きい》城が所在する基山

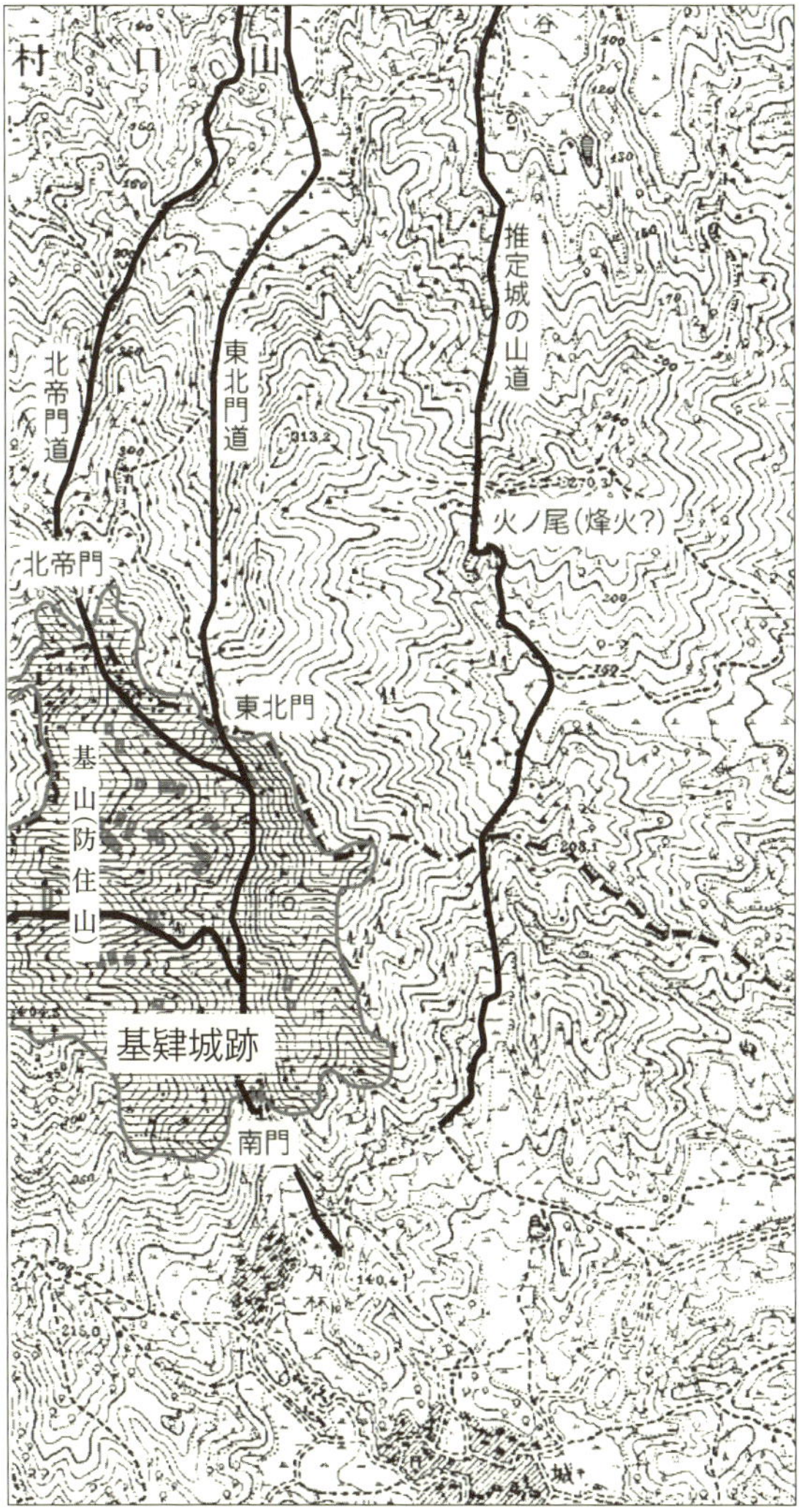

図10　基肄城周辺の古代道推定図
（明治33年測量・大日本帝国陸軍参謀本部陸地測量部発行の旧版地図に加筆）

の東麓を通過するものと考えられるこれを駅路とし、基肄城内を抜けるものを伝路とする説が提示されている。想定される城山道は、基肄城の東麓を抜けて大宰府と筑後とを結ぶ峠越えの直線ルートである。荒廃により長らく踏査されることもなかったが、平成二十年に四回の踏査を行い、細々と直線的に延伸する峠道を現状確認した。佐賀県基山町城戸から福岡県筑紫野市萩原山ノ谷へ抜けるもので、尾根斜面をカットして路面が作出されている（図10）。

この峠道が通過する南北からの谷鞍部は、弱い切り通し状になって道が通過している。この鞍部は、旧山口村と旧原田村の村境にもなっている。峠道の場合は帰属年代が不明確であるので古代道と認定できるのかどうか未だ疑問も残るところだが、一部にS字状にクランクする箇所も認められるものの、直線的な指向を持って延びていることが特徴である。

また、基肄城から大宰府方面へ南下する道については、北帝門と東北門の二つの門道に取りつく谷筋の道が明治三十三（一九〇〇）年の大日本帝国陸地測量部の測量図に認められる。現在は両道とも荒廃により不通となっているが、木下良氏が伝路とするものは、基肄城内を通過して北帝門から垂下する北帝門道である。東北門道は、筑紫野市萩原と山口の字境にもなっている。

田河道　田河道と石坂越え・宝満山　▼もう一つの峠越えの道

『続日本紀』天平十二（七四〇）年の条、藤原広嗣の乱における記載中に登場するものである。「従リ三道往カント。即チ広嗣ハ自ラ率テ大隅、薩摩、筑前、豊後等ノ国ノ軍合テ五千人許ヲ、従リ鞍手道往。綱手率筑後、肥前等国軍合五千許人、従リ豊後国往キ。多胡古麻呂不知所率軍数従リ田河ノ道往カントス」とあり、鞍手道と同じく古代道の名称が分かる僅少な事例である。史料では、田河道を往くのは多胡古麻呂《たごのこまろ》とされる。

また、起点となる蘆城駅家において詠まれた神亀・天平年間の歌九首が『万葉集』に残されており、蘆城駅家と併せて古代の重要路線であったことが分かる。

田河道は、蘆城駅家推定地の御笠地区遺跡A地点がある筑紫野市吉木から、柚須原に至るとされるルートで、米ノ山峠を通過して飯塚方面へ抜ける山間部の宝満川沿いの道である（図11）。大宰府周辺の田河道の路線を具体的に述べた論考は、筆者が知りうる範囲ではない。平野部と異なって発掘調査が基本的に少ないこともあってか、山越えの古代官道について積極的に論じる情報が少なかったことによるであろう。また、平野や丘陵を大規模に直線的に延びる古代官道のイメージに引きずられて解明が進まなかった部分でもあった。

図11　御笠地区遺跡Ａ地点の大型建物跡

図12　米ノ山峠越え航空写真

先の城山道ですら峠から平野への落差が七〇～八〇メートルほどであるのに対して、田河道の場合はさらに谷が深く、蘆城駅家推定地から米ノ山峠まで二五〇～二六〇メートルを駆け上がることになる（図12）。

田河道については、発掘調査事例がないので細かな路線は踏査所見しかないが、急峻な周辺地形を考えると通過地点はある程度は地形図から看取できる。田河道の蘆城駅家と米ノ山峠間については、宝満川上流部の左岸に、峠越えの細々とした直線ルートが想定できる。

県道筑紫野・筑穂線ができる以前の旧道は、対岸の宝満川右岸の筑紫野市大石・本道寺側を通過していたが、古代道を右岸に想定した場合には、道中で宝満川をわざわざ二度も渡河せねばならず極めて不合理である上に、地形の急な落差が大きく、道路の敷設には不適である。蘆城駅家の位置関係から見ても左岸のルートの方が適していると考える。

また、蘆城駅家以南の御笠地区の平野部を南北に貫く古代道が想定できる。宝満川と山口川が合流する平野最南端の牛島宮崎遺跡一次調査では、宝満川西岸の安定段丘上に幅員約一二メートルで並行する溝が検出されており、道路遺構の可能性がある。一所の事例のみであるので慎重に取り扱いたいが、東側側溝第一次埋没土中からは越州窯系青磁片が出土しており、九世紀前半頃までには埋没しているものと考えられ、また、西側側溝最終埋没土中からは白磁片が出土しており、周辺に龍泉窯系青磁Ⅰ－4類及びⅡ類を副葬する墳墓が形成されてくることから、この時期までには廃道になったものと推測されている。これは、筑紫野市岡田地区遺跡の豊後道（南路）の変遷とも近似している。

検出された溝は、御笠地区遺跡A地点へ向かい、途中、宝満川を渡河する箇所には「ヒワタシ」というホノケ（土地に伝えられる名称）が残っていることから、ここからやや東に振れて御笠地区遺跡B地点を経由し、A地点に至るものと考えられる。B地点の調査区境界には切り通し状の地形変化が認められている。なお、この付近は阿志岐城を東に控える要地でもある。

条里地割りと走向を異にする道 ▼条里の施行に先行する古道

大宰府の南から東方にかけては、正方位の大宰府条里と、東に約二五度振れる御笠・永岡条里が展開しているが、近年、これらと方位を異にする古代道が検出されている。

平成二十一（二〇〇九）年に調査された峠山遺跡三次調査で見つかった古代道は、幅七・六～九・七メートルの大規模なものであるが、結論から述べるとその走向から見て、大宰府から九州各地へ延びていたもののうち、岡田地区遺跡で検出されている豊後道（南路）に接続される可能性が高い。この場合、調査地点から南へ約五〇〇メートル、官道の延伸は筑紫野市永岡の台地が最も狭まった部分の約二〇〇メートルの狭隘部を通過することになる。その南には長丘駅推定地があり、東方には古代の官衙である岡田地区遺跡があって古代官道がこの付近に集中してくることになる（図13・図14）。

長丘駅推定地の南面には、考古学的な裏づけは未だないが日野尚志氏によって古くから推定されている東西道が通過している可能性があり、大宰府羅城の存否の問題は別としても、永岡の台地縁の東方約八〇メートル、調査地点の南南東約六六〇メートルの付近には

図13　峠山遺跡の古代道

古代の動線が集まってくることが予測される。この地はいわば広域交通の結節点であり、大宰府から内陸部への境界として重要視されていたものと考えられる。

また、この台地の狭隘部を東流する山口川は、宝満川、筑後川に合流して有明海に注いでおり、河川交通の要

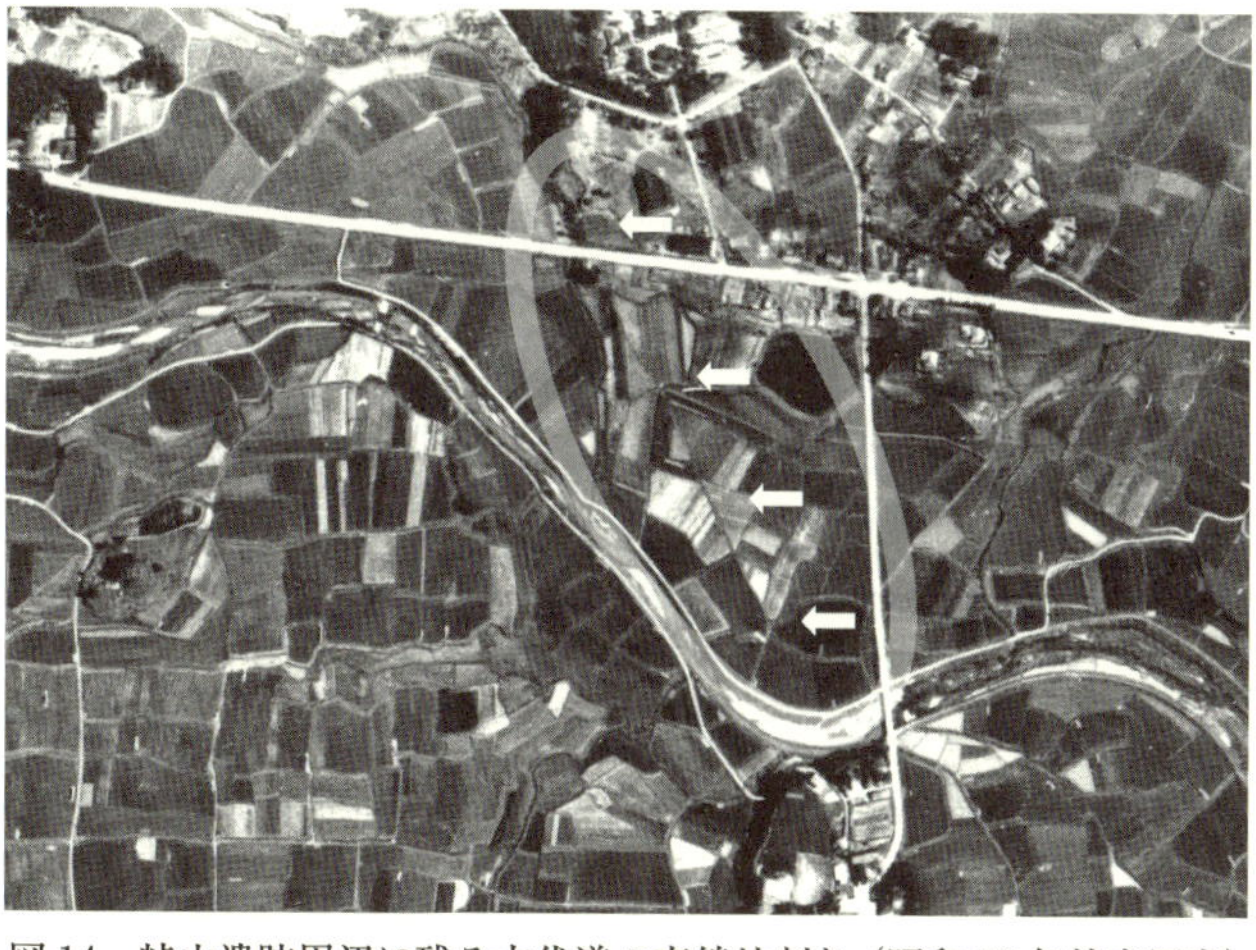
図14　峠山遺跡周辺に残る古代道の直線地割り（昭和23年航空写真）

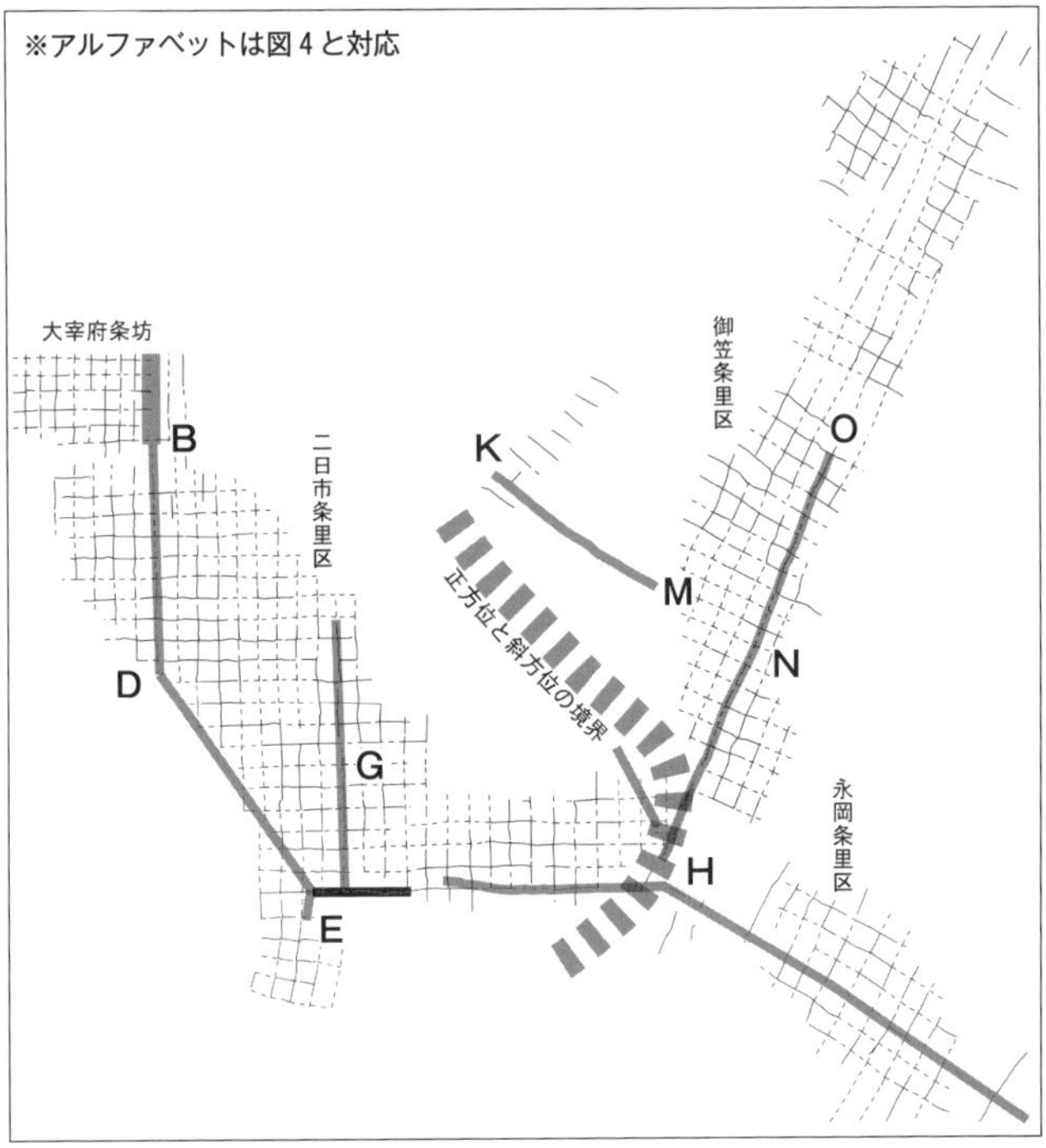

図15　条里地割り抽出図

衡でもある。

　考古学的な所見としては古代の直線的な大道であることに問題はないのであるが、周辺に展開する大宰府型の正方位条里地割りとは全く関係がない走行をとっている点は課題である。そもそも大宰府周辺の条里の施行年代がよく分かっていないので何とも言い難いが、側溝覆土中の出土遺物にも七世紀後半の須恵器が微量に含まれていることから、道路遺構が条里施行以前の所産である可能性も考えておく必要がある（図15）。

　しかし、上限の問題だけではない。出土遺物と遺構の切り合いからみて、道は継続的に利用されている可能性が高いからである。途中のある時期で断絶があった可能性もあるものの、十一世紀後半から十二世紀中頃が最終的な廃道時期であることも併せて考えると、先行する斜方位直線道路から条里地割りに準拠した正方位直線道路へと道路網が変化していったとの単純な変遷では説明ができない。すなわち、大宰府周辺においては、条里に軸が合致しない道路も含めて同時期に複雑な道路網を形成していたということを念頭においておく必要がある。

　また、ＪＲ二日市駅周辺に所在している堀池遺跡五次調査でも、約九メートル幅の古代道が見つかっている。同遺跡は、平安時代の墳墓群が発見され、木炭槨木棺墓と呼ばれる特殊な墓や、越州窯系青磁の唾壺が出土してマスコミを賑わせたが、古代道は墓の区画溝に先行し、主軸方位が三五度東偏しているため、大宰府条坊や条里の方位とはまったく異なっている。条里制による方格地割りの施行以前に敷設された道の可能性があり、どこへ向かった道なのか、引き続きその検証を行っていく必要がある。

大宰府周辺の交通網

今回は、大宰府から派生すると考えられる古代道について、歴史地理学及び考古学的に抽出できる情報を集約してみた。これら全ての古代道が同時併存していたわけではない。それぞれの年代考証は発掘調査によるしかないので、今後の検討に委ねることとしたい。成果をまとめてみると、①大宰府から六方に派生する、②大宰府の南正面への動線が想定できる、③路線によっては複線構造をなしている、④道路網が細かく変遷している、⑤条里遺存地割りと異なった路線をとる道があり、条里施行以前の道である可能性がある等の点が特徴として考えられる。

以上のように、大宰府周辺で近年の調査成果を概括してみた。まだまだ年代を同定し、古代道の性格について論究し得るだけの所見には乏しいものの、路線推定だけではなく、道路網の変遷を考慮すべき段階にまで至っていることは注視しておきたい。路線配置のレイアウトについても、古代山城などとも関連する古期の道が、大宰府を中心として放射状に派生している可能性も想定される。

また、古代道の複線的レイアウトについてはすでに述べたが、それら結節点(衢)のように数カ所に集まってくる現象も認められる。これは、広域交通路の結節点を枝分かれさせながら分散してつないでいくと想定できる。この分岐点は古代における地域拠点とも考えられることから、古代道の設定においてどのような社会的背景があったのか、集落の所在なども含めてつぶさに検討する必要がある。

参考文献

小鹿野亮「大宰府羅城門の周辺」(『都府楼』第四〇号、二〇〇八年)
小鹿野亮「大宰府南方の古代山城　基肄城をとりまく古代道」(『地図中心』第四五三号、二〇一〇年)
小鹿野亮「大宰府の内なる道と外なる道—西海道の路線配置とそ

の変遷について」（『交通史研究』第七九号、吉川弘文館、二〇一二年）
木下良「古代山城と軍用道路」（『鳥栖市史』第二巻原始・古代編、二〇〇五年）
木本雅康「基肄・養父両郡の官道」（『基山町史』上巻、二〇一二年）
筑紫野市教育委員会『岡田地区遺跡群Ⅱ』一九九八年
筑紫野市教育委員会『立明寺地区遺跡C地点第一次発掘調査』二〇一三年
筑紫野市教育委員会『峠山遺跡第三次発掘調査』二〇一三年
日野尚志「筑前国那珂川・席田・粕屋・御笠四群における条里について」（『佐賀大学教育学部研究論文集』第二四集Ⅰ、一九七六年）
山村信榮「大宰府周辺の古代官道」（『九州考古学』第六八号、一九九四年）

小鹿野亮（おがの・あきら）……一九七〇年生。別府大学文学部史学科考古学専攻卒、一九九三年、筑紫野市役所に入庁、現在に至る。筑紫野市教育委員会文化情報発信課文化財担当係長。古代大宰府やその関連遺跡の調査を多く担当した。古代道をはじめ、近世の街道や近代の鉄道などの広域交通路の敷設が、その後の筑紫野市の俊掲載にどのような影響を及ぼしたのかが最近のテーマ。また、秦の始皇帝が築いた〈直道〉の踏査では、陝西省や内モンゴルなどを訪ねている。

鴻臚館への道

菅波　正人
Suganami Masato

はじめに

古代の博多湾は大宰府の外港であり、そこに設置された施設が筑紫の鴻臚館《こうろかん》である。『日本書紀』の持統二（六八八）年の記事に初出する筑紫館《つくしのむろつみ》が鴻臚館の前身とされ、大宰府の外交施設として、出入国管理・迎賓のほか、交易や博多湾の防衛など多岐にわたる役割を担った。また、鴻臚館は新羅をはじめとした外国使節や商人、遣新羅使や遣唐使などが行き来した、東アジアと日本をつなぐ結節点であり、海路と陸路をつなぐ結節点でもあった。

　鴻臚館への道のうち、海路については、『万葉集』に天平八（七三六）年、遣新羅使の一行が詠った歌はその航程を辿るものといえよう。中山平次郎氏による鴻臚館の場所比定の根拠のひとつとなった歌は、博多湾から筑紫館を望んだ情景をさすものとされる。

　今よりは秋づきぬらしあしひきの山松かげにひぐらし鳴きぬ

（巻十五―三六五五）

　一方、陸路については、大宰府政庁から水城西門を通過して鴻臚館に至る古代官道の存在が知られており、これまでさまざまな分野からアプローチされている。本稿ではいわゆる「西門ルート」の現状の研究成果を紹介するとともに、鴻臚館跡のこれまでの発掘調査成果を踏まえて官道との関係を概観したい。

古代官道と鴻臚館

西門ルート

大宰府との西門ルートについてはこれまで文献史学、考古学、歴史地理学などの分野からアプローチがなされてきた。

中山平次郎氏は文献による検討から水城西門から下警固との間の官道ルートを示した。(1) 中山氏は、『万葉集』の歌から読みとれる筑紫館（鴻臚館）の立地に注目し、筑紫館（鴻臚館）の所在地を福岡城内に想定し、そこで採集した奈良、平安時代の瓦などから説を裏付けていた。そして博多湾方面の旧官道に言及する中で、坂上瀧守が博多津の防衛強化を求めた際の記事である、『日本三代実録』の貞観十一（八六九）年十二月二十八日条、「而埆與鴻臚相去二驛」の一句に注目し、二驛とは中間に一駅あった二駅路の間隔を表現したものと解釈した。その上で、鴻臚館の所在地とした福岡城内から水城の西門を直線的に結ぶルートを想定し、その途上にある駅を石瀬駅に比定した。なお、石瀬駅の場所は現在の南区三宅周辺に求めている。

山村信榮氏は発掘調査の成果を整理し、西門ルートの規模、構造、存続時期などを示した。(2) 発掘調査では水城の南側と北側で道路遺構が検出されており、南側では太宰府市前田遺跡で、路面幅約九メートル、両側に側溝をもつ道路遺構が検出されている。この遺構は西へ約四二度傾き、水城の西門に向って直線的に延びる。大宰府政庁方向には迂回するように朱雀大路に取りつくと考えられている。

西門の北側では大野城市池の上遺跡、さらに北側の春日市春日公園遺跡、先の原遺跡などで遺構が確認されている。水城の北側からは道路の傾きは西へ約五五度を前後するものとなっている。また、これらの遺構は丘陵地の先端をカットした場所や低湿地に盛り土した場所にあり、直線的な道路とするため、地形に応じた造成を行っている。鴻臚館跡はこの道路の延長線上に位置する。山村氏は、西門ルートは七世紀後半以降に開設され、廃絶時期は定かでないが、水城の南側では東門ルートに先行して、九世紀には廃絶したと指摘している。また、大宰府政庁整備に連動して、七世紀代にあった道路を鴻臚館への直線的な道路に変更した可能性を想定した。

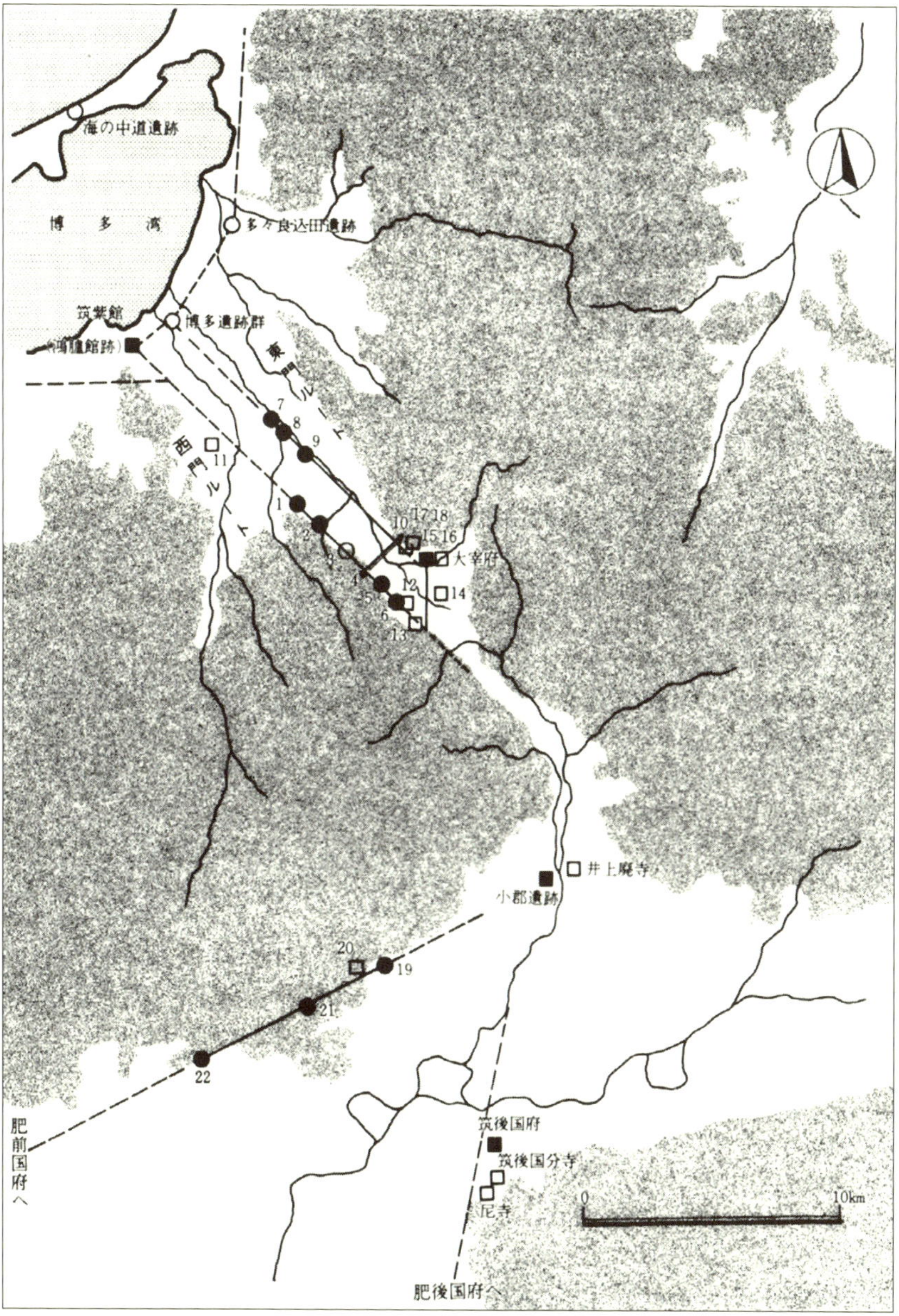

図1　大宰府周辺官道ルート図
(山村信榮「太宰府周辺の古代官道」〈『九州考古学』第68号、九州考古学会〉より転載)

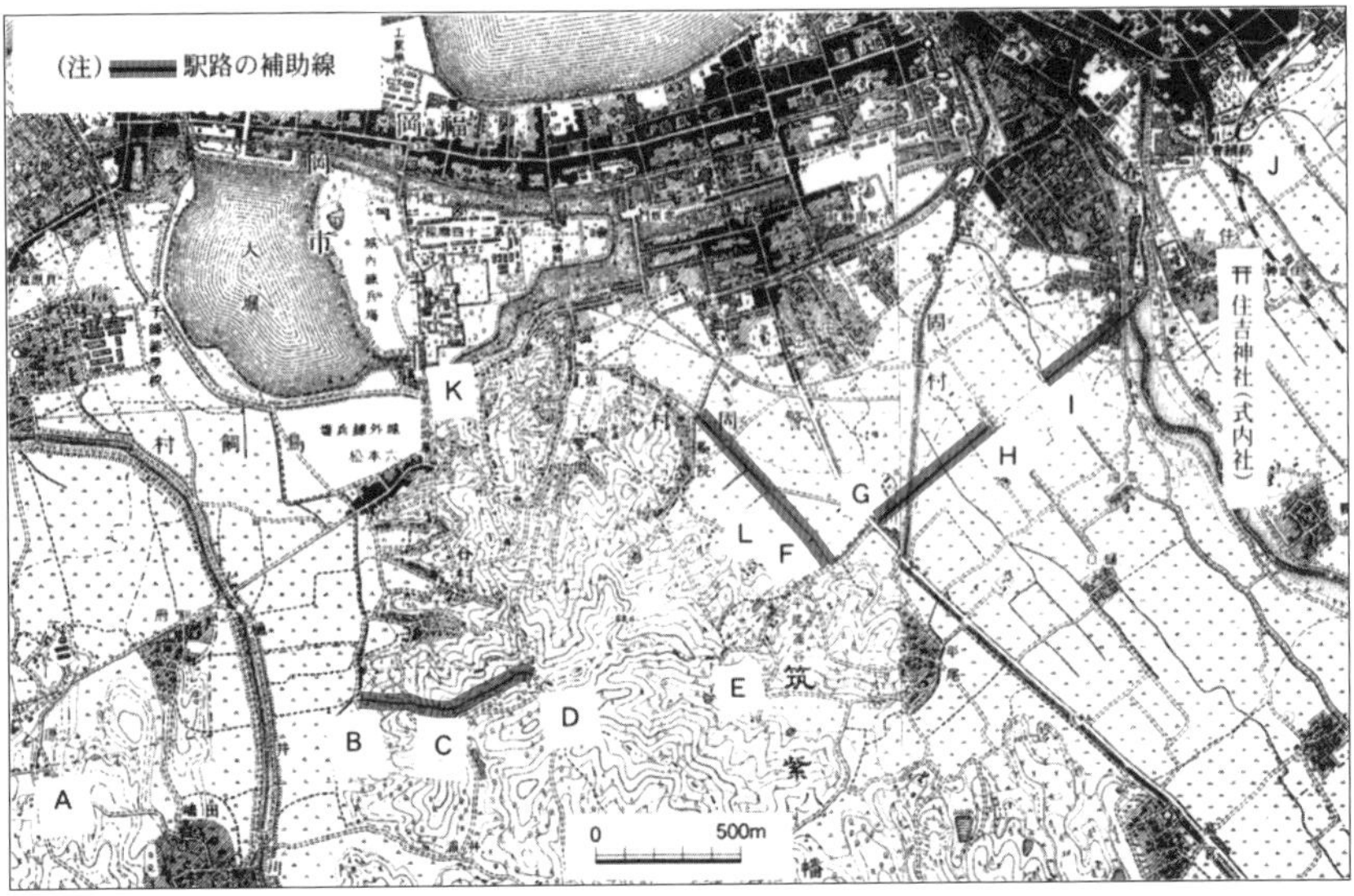

図２　鴻臚館周辺の想定駅路Ａ－Ｊ間（日野尚志「比恵・那珂遺跡を中心にして諸問題を考える」〈『那珂38』福岡市埋蔵文化財調査報告書第842集、福岡市教育委員会〉に一部加筆）

日野尚志氏は地名や古地図などから大宰府からの官道ルートを示している。その内、水城の東門から延びる官道に設置された美野駅の位置の検証作業で、その場所が東に折れて山陽道に進むルートと西に折れて早良・怡土郡方面に進むルートの分岐点にあると想定した[3]。西側に進むルートは住吉神社を横切るように延び、平尾の丘陵に越えるものである。鴻臚館からの官道はこのルートのいずれかに接続すると想定している。

吉留秀敏氏は調査事例がほとんどなかった那珂川以北のルートについて、野間Ｂ遺跡の調査成果と現地の踏査を行い、鴻臚館への取り付きを含めたルートを示した[4]。福岡市南区向野二丁目に所在する野間Ｂ遺跡第四次調査では、八世紀初頭から前半まで使用された道路状遺構と、それ以前に掘削された大溝二条が検出された。道路状遺構は八世紀初頭以前に掘削された並列する二条の大溝が埋没した後に整地したものである。路面幅約五メートルが検出され、上面に堆積する包含層から出土した須恵器の年代により、八世紀前半には廃絶したと考えられている。また、下層で検出された溝も道路に伴うものと考えられており、丘陵東側裾を幅二〇メートル以上切通し、山側に幅一五メートル以

図３　西門ルート推定ライン（吉留秀敏「鴻臚館から大宰府への道－水城西門ルート福岡市内探索の中間報告」〈『市史研究ふくおか』第４号、福岡市博物館市史編さん室〉に一部加筆）

上深さ三メートルほどの大溝を掘削する。この溝に多量の粗砂が堆積しており、丘陵側からの雨水の処理を図ったものと考えられている。また、溝が埋没した段階でさらに北東側に並行する溝が掘削されており、狭小な調査区であるが、溝の方位は西へ四〇度の傾きが推測される。路面は検出されていないが、溝の北東側に道路が設置されたと想定している。

吉留氏はこれらを西門ルート想定の定点と捉え、古地図や現地の踏査により、道路遺構の痕跡と考えられる地形の確認作業を行い、鴻臚館への八世紀前半の西門ルートを示した。ルートはそこから丘陵の東側裾を西へ四七～四八度の傾きで直線的に延びて、鴻臚館跡の東門前面に至るものである。那珂川以南の道路とは傾きが異なっており、若干の振り直しも想定している。鴻臚館跡は東側に出入り口がつくということを考慮にいれたルートであり、鴻臚館への取り付きを考える上で注目される。

このほか、九世紀に水城の南側で官道が廃絶した要因の一つとして、東門ルートへのバイパス路線の設置という試案を示している。現状ではそのことを検証する調査事例はないが、今後の調査の際の問題提起として注意する必要がある。

現状での西門ルートは、考古学的には水城の西門を挟んで南側と北側から那珂川まで道路遺構が検出され、構造、規模、時期などが確認されている。それ以北については市街化が進んで発掘調査による発見は困難な状況にあるが、少ない機会を捉えた調査の実施が望まれる。

鴻臚館への取り付きは鴻臚館跡の東門周辺が想定されている。駅家については、位置は特定されていないが、石瀬駅の所在については三宅周辺が想定されており、今後の調査成果が待たれる。官道の整備については、鴻臚館への外交使節の往来に関わり、制度面や施設面の整備と連動すると考えられている。また、水城の南側の西門ルートが九世紀には廃絶する要因の一つとして、鴻臚館への新羅使などの外交使節が途絶えたことにより、使節を遠回りさせてでも朱雀大路から入れるという儀式的なものが不要となったのでないかと指摘されている(5)。鴻臚館が外交から交易の場に役割が変化し、さらに新羅海賊の侵入など防備強化の必要性が高まると、より利便性が高いルートが選択されるのは想像に難くない。その意味で西門ルートの消長は、対外関係やそれに伴う鴻臚館の役割の変化が深く関係していると推測できよう。
それでは、そのことを考えるために鴻臚館の変遷について示していく。

鴻臚館跡の調査概要

鴻臚館跡の立地

鴻臚館跡の立地する場所は、南の「大休山《おおやすみやま》」から博多湾に伸びる「福崎」と呼ばれた丘陵の先端にあたる。この丘陵は早良《さわら》郡と那珂《なか》郡の境界をなすものである。丘陵の先端は南東〜北西方向に伸び、福岡城天守台と本丸北側、御鷹《おたか》屋敷の三カ所に丘陵の頂部がある。鴻臚館の時代には、丘陵西側は「草ヶ江」の入江で、その対岸は「荒津山」に向って砂洲が伸びていた。荒津山の裾部の海は水深があり、古代には大型船の停泊地になったと考えられている。

鴻臚館（筑紫館）は本丸北側から東側に枝分かれした小丘陵を造成して二つの平坦地とした場所に造営される。鴻臚館の東側は谷部を経て小さな丘陵があり、その周辺は沖積地が広がっていたと推定される。鴻臚館北辺は丘陵先端から四メートル以上崖下に海浜砂丘があり、古墳時代前期の蛸壺などが出土している。この砂丘は海に向かって浅く窪んだのち高まり、遠浅の海に続いていたと考えられる。鴻臚館の東側から南東側も同様の段差があり、この形状は造営当初から踏襲されており、鴻臚館の隔離性、防備性につながる特徴である。

鴻臚館の変遷

鴻臚館跡は、昭和六十二（一九八七）年の平和台野球場改修に伴う発掘調査以来、二十六年間に及ぶ調査で、七世紀後半〜十一世紀前半までの存続期間と第Ⅰ〜Ⅴ期までの五時期の遺構変遷が確認されている。

第Ⅰ期（七世紀後半）には、丘陵に入り込む谷で南北に隔てられた施設（以後、それぞれを南館、北館と呼ぶ）が造営される。南館、北館とも掘立柱建物で構成され、北館では石垣と西・南側を画する柱列が検出された。柱列が囲む規模は東西約五四メートル×南北約三九メートルとなる。柱列の内部は二×四間の側柱《がわばしら》建物（建物の外周だけに柱を配する建物）が確認

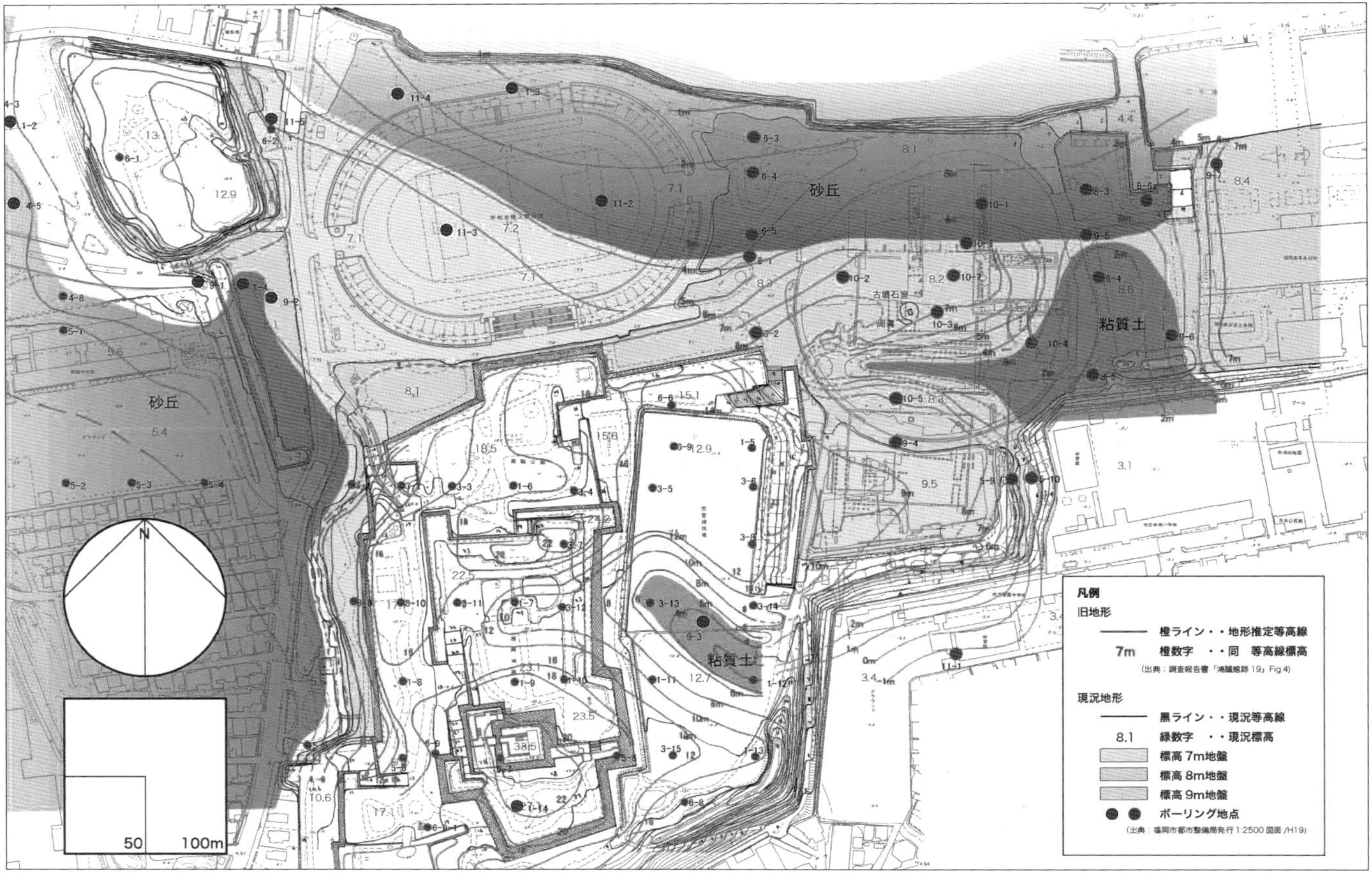

図4　鴻臚館周辺旧地形復元

（吉武学「鴻臚館跡 19　南館部分の調査（1）」〈『福岡市埋蔵文化財調査報告書』第 1175 集、福岡市教育委員会〉より転載）

されている。柱列の東側では門の一部と考えられる柱穴群が検出されている。南館は北館より約一・五メートル高い場所にあり、ここでは側柱建物で二×五間の南北棟一棟とそれに柱筋をそろえる建物一棟、二×九間の東西棟一棟とそれに柱筋をそろえる建物一棟が検出された。また、南北・東西棟の内側で建物一棟が検出された。この時期は南館と北館では区画や建物等の方位は揃わず、建物構成も異なるものである。第Ⅱ期以降の造成により、遺構の遺存状態は良くないため、建物について不明確な部分も多いが、それぞれの施設に役割の違いが想定される。第Ⅰ期は持統天皇二（六八八）年、新羅使金霜林《きんそうりん》らを筑紫館で饗応を行った時期にあたり、それに関連するものと考えられる。

第Ⅱ期（八世紀前半）になると、大規模な造成により敷地を広げ、企画性の高い配置となる。南北を隔てる谷は埋め立てにより狭められ、幅約二〇メートルの堀となる。堀の開口部では土橋が確認されており、南北の連絡路と考えられる。北館では盛土造成を行い、南堀側に約四二メートルの石垣を築いている。海側も造成により拡張して、約四メートルの崖面を形成している。崖の下にも盛土整地が行われており、築地の存在が指摘されている。一見、城を思わせる造成の内部に、壁や土台の下の部分を溝状に掘った布掘りの柱列が設けられる。塀と考えられる柱列は東西長約七四メートル、南北長約五六メートルを測り、東側に八脚門が設置される。南館も同一の方位、規模の塀と門があり、両者は並存していたと考えられる。区画の内部では建物などは確認されておらず、内部の様相は不明である。鴻臚館式軒瓦などが多量に出土する状況から瓦葺の建物が存在していたことが想定されている。門の東側は幅二〇メートル程の平坦面があり、そこから一段下がる場所に二×五間の掘立柱建物があり、門の中軸に沿うことから、入退場に係わるものと考えられている。

建物以外の遺構では、南館および北館南西の区画の外側で、南館で三基、北館で二基のトイレ状遺構が検出された。これらの遺構は第Ⅱ期だけに見られる特徴的な遺構である。第Ⅰ期と比べると施設の規模は拡大し、掘立柱建物から瓦葺の建物に変化したと考えられている。第Ⅱ期は天平八（七三六）年、遣新羅使が筑紫館に滞在した時期にあたり、それらに関連するものと考えられる。

第Ⅲ期（八世紀後半～九世紀前半）は大型礎石建物

が設けられた時期で、第Ⅱ期の規格を踏襲しながら、さらに規模を拡充する。第Ⅱ期の堀は埋め立てにより狭められ、石垣は埋められ、土橋は木橋に変わる。全体に遺存状況は悪いが、南館の西南側で軒を連ねた南北棟二棟、その外側に南北棟一棟、それに直行する東西棟一棟が検出された。北館では南東側で東西棟一棟が確認されている。南館の建物配置から、回廊状の建物の内部に、長大な南北建物が配置された構成が復元できる。建物以外では南館の北東隅で梵鐘鋳造遺構が確認されており、鐘楼の存在を推測させる。この時期は新羅使の往来が途絶えるが、遣唐使や新羅、唐の商人の滞在記録が見られる。承和五（八三八）年、小野《おのの》篁《たかむら》と唐人沈道古《ちんどうこ》とが詩賦を唱和した頃の鴻臚館はこの時期に対応すると考えられる。

第Ⅳ期以降は、建物遺構は検出されておらず、廃棄土坑等の存在により、大きく九世紀後半～十世紀前半（第Ⅳ期）、十世紀後半から十一世紀前半（第Ⅴ期）の二時期に分けられる。廃棄土坑や包含層から瓦類は多数出土しており、瓦葺の建物が営まれていたと想定されている。文献史料にも第Ⅲ期からⅣ期にあたる時期の天安二（八五八）年、唐から帰国した円珍《えんちん》が鴻臚館に滞在した後、上京前に唐海商高奉《こうほう》が送った送別詩の題に「鴻臚北館門楼」という記載があり、重層の建物の存在を示している。九世紀後半以降はそれまでの公的な客館という性格に加え、当時、頻発した新羅海賊に対応して、鴻臚館へ兵士や武器を移して警護に備えるなど、防備の拠点強化が進められている。

鴻臚館の終焉については、南館と北館を隔てる堀の北側斜面に集中して十～十一世紀代の瓦が出土することから、終末期の鴻臚館は北館に集約された可能性が高いと考えられている。十一世紀中頃以降は鴻臚館に関わる遺構や遺物は皆無となり、『扶桑略記』の永承二（一〇四七）年の「大宋商客宿房」放火犯人捕縛の記事から想定される放火後の鴻臚館は衰退の一途を辿ったと考えられる。その一方で、鴻臚館廃絶後、貿易の拠点は博多遺跡群に移り、「博多津唐房」と称された地区に居住した中国商人により、交易が行われるようになった。古代の鴻臚館の役割は中世の博多に引き継がれ、中世最大の貿易都市博多の隆盛が始まるのである。

鴻臚館跡の建物変遷とその機能

これまで見たように第Ⅰ～Ⅲ期にかけての変遷は建

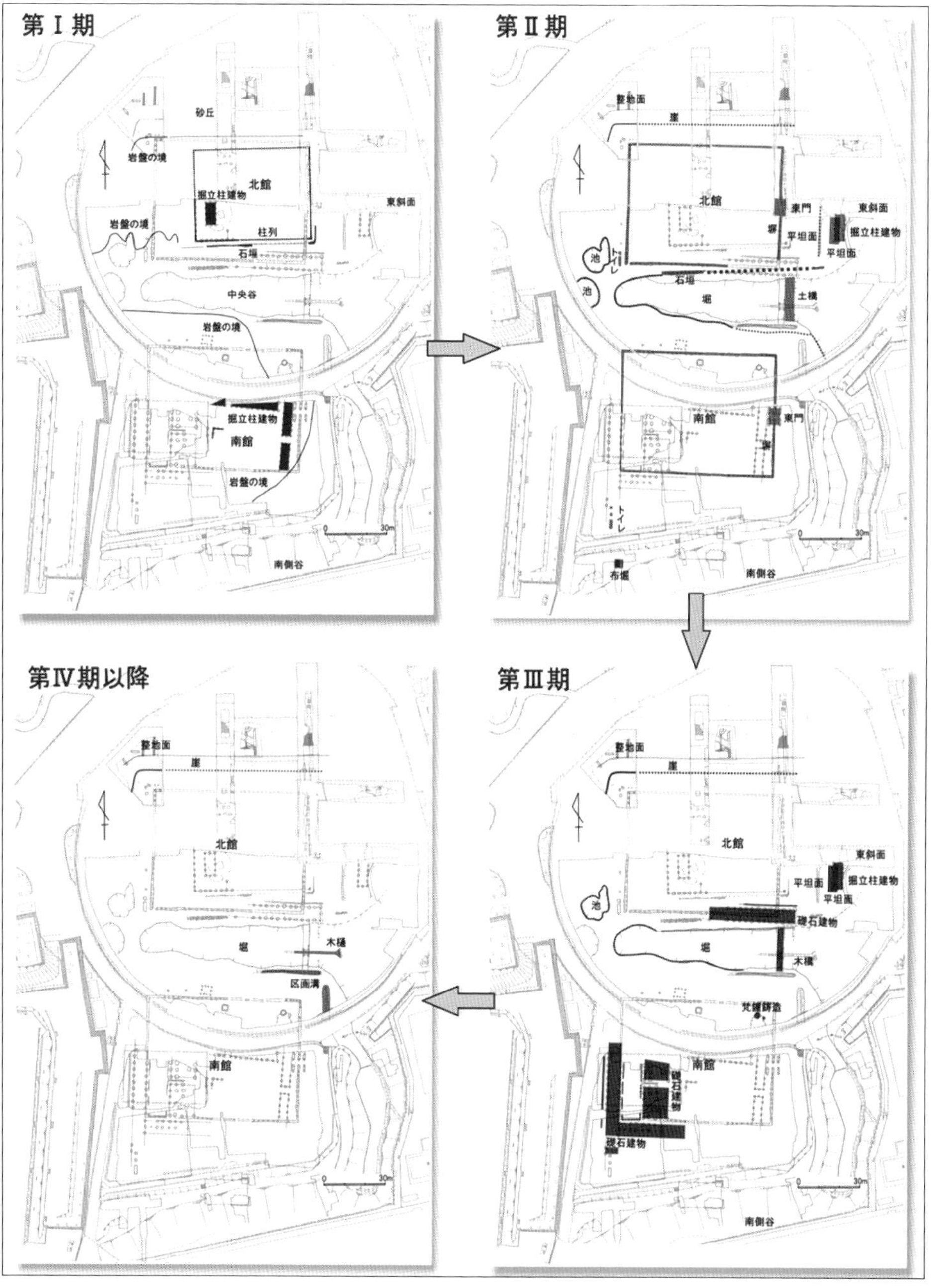

図５　鴻臚館跡遺構変遷図

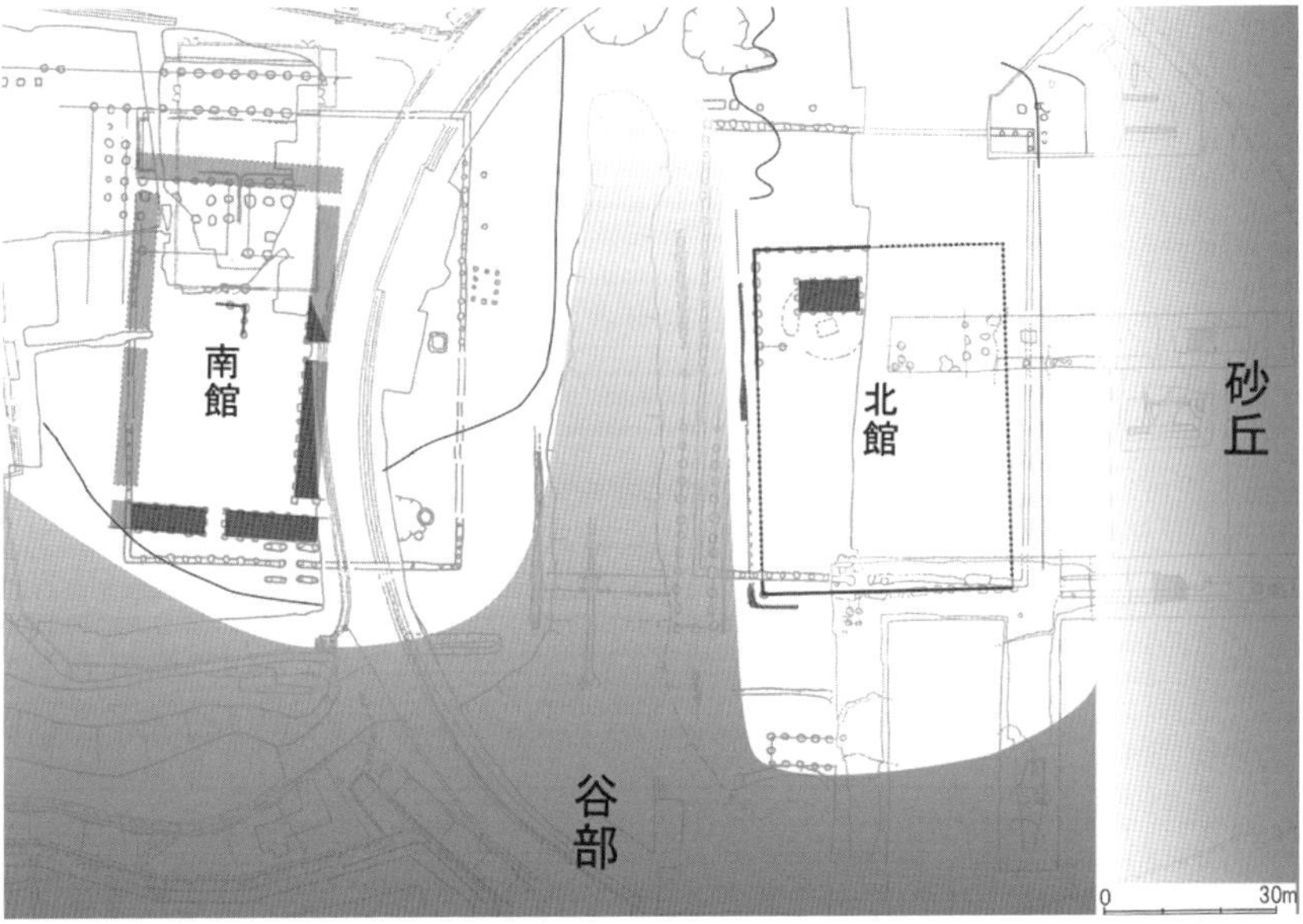

図6　Ⅰ期建物配置図

物構成や規模の変化、瓦葺建物への転換などがあり、整理すると以下のような過程が追える。

まず、成立期の第Ⅰ期であるが、南館と北館では方位も若干異なり、建物配置も異なっている。本来の南館建物群はロの字形を呈する配置であったと想定される。内部にある建物は中心建物であった可能性が高い。北館は建物を柵で囲むもので、内部に数棟程度の建物が想定される。遺構や地形などを考慮して復元したものを図6に示した。

南館は推定復元のため、推定の域を出ないが、規模は東西五二メートル、南北三七メートル程度となる。南館の建物配置に注目すると、長舎が中心建物を取り囲む構造は初期の郡庁の建物に類似する。七世紀後半から八世紀前半と想定される早良郡庁と比較すると、縦横の比率や中心建物の配置に相違はあるが、規模や長舎からなる構造は類似点が多い。郡庁は政務の実務的な場である一方で、儀式や饗宴の場としての機能も想定されている[6]。また、時期はさかのぼるが、七世紀中ごろの斉明朝の饗宴施設とされる奈良県石神遺跡のA3期東区画建物群は、四面庇の中心建物を長舎で取り囲む構造で、饗宴施設の建物配置モデルとして採り

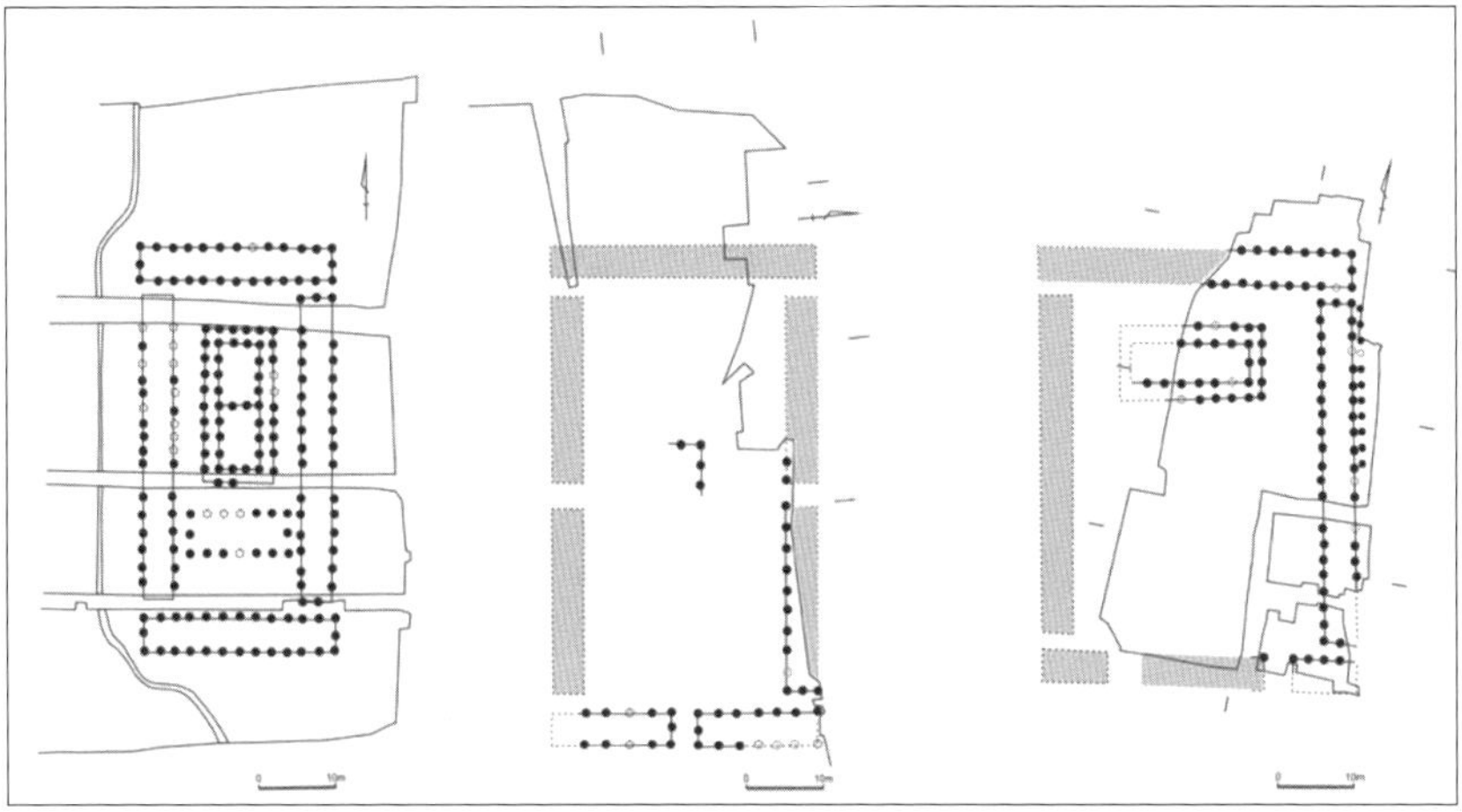

石神遺跡Ａ３期東区画建物群配置図　　鴻臚館跡第Ⅰ期南館建物群想定復元図　　早良郡庁建物群想定復元図

図７　第Ⅰ期南館建物群と類似建物群比較（各報告書をもとに作成）

あげられている。[7]それらの類似点から、南館にも儀式や饗宴施設の機能が想定できるのではないかと考える。一方、北館の構造は建物を塀で取り囲むものであり、その構造から部外者との接触が避けられた外交使節が滞在する館（宿泊）とみなすことができるのではないか。つまり、海側に近い北館は宿舎であり、一段高い位置にある南館は饗宴施設となり、外交使節の宿泊、管理、饗応する機能を備えた施設の姿が浮かんでくる。

天武朝（六七二〜六八六年）から持統朝（六八七〜六九七年）にかけて、新羅使などの使節が頻繁に来朝しているが、天武八（六七九）年から持統四（六九〇）年の間は入京せずに筑紫で饗応を受け、帰国している。筑紫での外国使節の饗応は京から遣わされた使者により行われ、川原寺から伎楽《ぎがく》が運ばれるということもあった。おそらくその間には筑紫における外国使節に係わる制度面や施設面での整備が行われ、それが整ったものが筑紫館であり、先に示した構造のものであったと考えられる。

ところで、南館、北館の建物配置や門の位置に注目すると、東側が入り口であった可能性が高い。南館・北館の周囲は北側から南東側にかけて四メートル程下

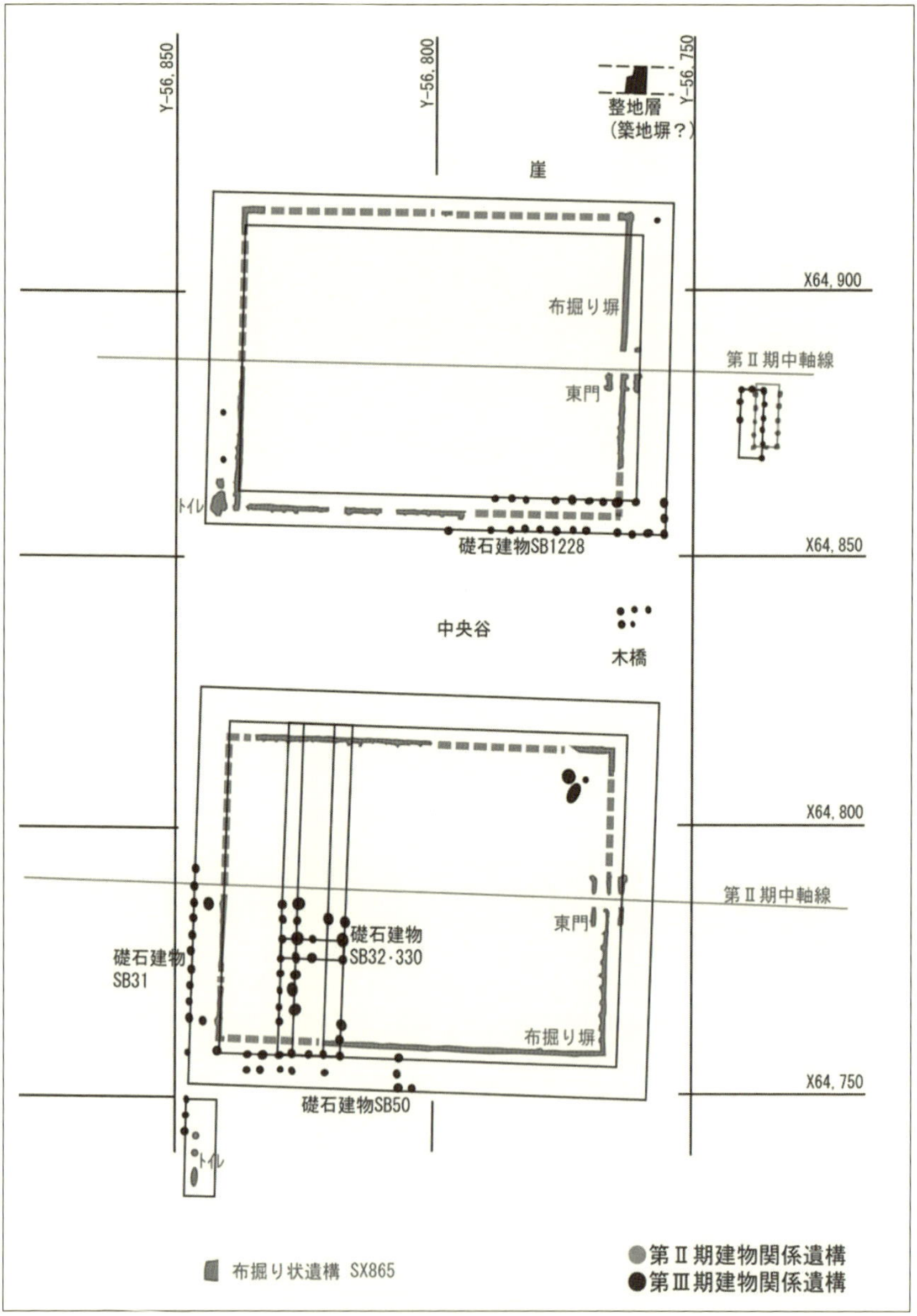

図8　第Ⅱ期、第Ⅲ期建物群の変遷比較
（吉武学「鴻臚館跡 19－南館部分の調査（1）」〈『福岡市埋蔵文化財調査報告書』第1175集、福岡市教育委員会〉より転載）

がっているが、東側はその先にある丘陵との間が幅一〇〇メートルほどの谷となっている。海路で到着した使節はこの谷から斜面東側を登るような形で入場したと考えられる。このことは官道の開設やその取り付きに関わる問題として注目される。

次に第Ⅱ期、Ⅲ期の構造について見ていく。第Ⅱ期は南館、北館ともに同一の企画で、塀で囲まれて、東側に八脚門を設置されるものとなる。塀の内部の建物構成は不明であるが、瓦葺建物を配置したと考えられる。第Ⅰ期と比較すると、塀で囲まれる構造は北館に共通するもので、第Ⅱ期では南館も同様の構造になっている。そのことから第Ⅰ期の北館で想定した宿舎機能を拡充して、南館にもその機能を持たせたと考えることができる。それでは第Ⅰ期で想定した饗宴機能が想定された施設はどうなったのであろう。この時期では新羅使の来朝の記事はあるものの、筑紫館での饗宴の記事は見られない。第Ⅰ期と異なり、大宰府政庁が整備された八世紀前半の段階では、蕃客に係わる制度面、施設面も整備され、公的な饗宴は大宰府で行われ、鴻臚館の主たる役割は管理、宿泊、供給であったと想定される。このことは大宰府への連絡のための官道の重要性の高まりや、西門ルートの役割を理解することに繋がるものと考える。

第Ⅲ期は第Ⅱ期の中軸線と踏襲し、施設の拡張と大型の礎石建物を回廊で取り囲む構造に改変している。大型の礎石建物は宿舎と考えられ、第Ⅱ期にも、おそらく宿舎となる大型の建物があったと想定する。第Ⅲ期は新羅の使節の往来が途絶え、水城の南側の西門ルートが廃絶する時期でもある。施設の拡大は、対外関係や客館としての役割の変化と関連しているのであろうが、それについては今後の検討課題としたい。

おわりに

以上が建物変遷とそこから想定される施設の機能変化である。鴻臚館の機能変化は対外関係の動向に連動した大宰府との関係で理解されるものであり、水城の西門ルートの消長にも関わるものと思われる。その意味でも鴻臚館への道の解明は重要である。今後の課題として、鴻臚館の東側の谷部分の状況の把握が挙げられ、そのことは官道との取り付きを解明し、海路からの鴻臚館への取り付き方も想定できる手がかりになるのではないだろうか。調査上の制約があり解明は難しい面もあるが、今後の調査に期待したい。

　最後に、本稿では官道に関してはこれまでの研究をなぞるだけのものになり、鴻臚館の機能変化についても憶測を積み重ねた部分が多く、鴻臚館への道というテーマに相応しいものでなかったことをお詫びしたい。今後も関連資料の詳細な検討を行い、鴻臚館とその時代の解明を責としたい。　㮶

註

（1）中山平次郎「博多湾方面の旧官道」（『考古学雑誌』16－5、日本考古学会、一九二五年）

（2）山村信榮「太宰府周辺の古代官道」（『九州考古学』第68号、九州考古学会、一九九三年）

（3）日野尚志「比恵・那珂遺跡を中心にして諸問題を考える」（『那珂38』福岡市埋蔵文化財調査報告書第842集、福岡市教育委員会、二〇〇五年）

（4）吉留秀敏「鴻臚館から大宰府への道―水城西門ルート福岡市内探索の中間報告」（『市史研究ふくおか』第4号、福岡市博物館市史編さん室、二〇〇九年）

（5）狭川真一「条坊制と官道」（『太宰府市史』通史編Ⅰ、太宰府市史編集委員会、二〇〇五年）

（6）山中敏史『古代地方官衙遺跡の研究』塙書房、一九九四年

（7）小田裕樹「饗宴施設の構造と長舎」（『長舎と官衙の建物配置 報告編』第17回古代官衙・集落研究会報告書、クバプロ、二〇一四年）

参考文献

重松敏彦「大宰府鴻臚館（筑紫館）」（『海路』第10号、「海路」編集委員会編、海鳥社、二〇一二年）

長洋一「大宰府鴻臚館前史への試論」（『海路』第2号、「海路」編集委員会編、海鳥社、二〇〇五年）

吉武学「鴻臚館跡19－南館部分の調査（1）」（『福岡市埋蔵文化財調査報告書』第1175集、福岡市教育委員会、二〇一二年）

蔵富士寛「有田・小田部Ⅱ第236・237・239次調査の報告」（『福岡市埋蔵文化財調査報告書』第1135集、福岡市教育委員会、二〇一二年）

奈良国立文化財研究所飛鳥藤原宮跡発掘調査部「石神遺跡第8次調査」（『飛鳥・藤原宮発掘調査概報』19、一九八九年）

菅波正人（すがなみ・まさと）……一九六五年生。山口大学人文学部人文学科考古学研究室卒業。現在、福岡市大規模史跡整備推進課鴻臚館跡整備係長として、国史跡鴻臚館跡の調査、整備を担当。

「太宰府検定」公式テキスト
太宰府紀行
森弘子監修
（財）古都大宰府保存協会編
全国主要書店にて
好評発売中！
今年は
大野城築造
1350年！
大野城を攻略せよ！
千年ぶりの帥、誕生か!?
第4回
太宰府検定
DAZAIFU EXAMINATION
九州国立博物館も
開館10周年！
開催場所
福岡女子短期大学・福岡国際大学 講義棟
（福岡県太宰府市五条四丁目16番1号）
2015年
9月6日（日）
11:00～開催！
今回より「テーマ出題」が始まります
今年のテーマは「大野城築造 1350 年」と
「九州国立博物館開館 10 周年」
さあ、どう攻略しますか？
申込受付期間
2015（平成 27）年 5 月 15 日（金） ～ 7 月 31 日（金）

「太宰府検定」当日限定ツアー

平成 27 年 9 月 6 日（日） 12：30 ～ 15：45

「太宰府検定」受検者を対象にした
検定当日限定の特別ツアーを企画しました。
ぜひご参加いただき太宰府をお楽しみ下さい。

1
徹底解説!!
「大宰府史跡みどころ展」
と
バックヤード見学コース

参加費：3,500円／定員 30 名
（最少催行人数：10 名）昼食付
料金に含まれるもの（バス代、食事代、入館料）

2
大野城を攻略せよ！
「上から」コース

参加費：3,500円／定員 30 名
（最少催行人数：10 名）昼食付
料金に含まれるもの（バス代、食事代）

3
大野城を攻略せよ！
「下から」コース

参加費：3,500円／定員 30 名
（最少催行人数：10 名）昼食付
料金に含まれるもの（バス代、食事代）

4
幕末太宰府散歩
裏スポットコース

参加費：2,500円／定員 20 名
（最少催行人数：10 名）昼食付
料金に含まれるもの（食事代、飲み物代）

太宰府検定に合格すると…

合格者には、古代大宰府の官職に応じた称号が授与されます。

- **上　級**……**帥《そち》**（2年連続合格）　大宰府の長官
- **上　級**……**大《だい》　弐《に》**　大宰府の次官のうち上位の者
- **中　級**……**大《だい》　監《げん》**　大宰府の第三等官のうち上位の者
- **初　級**……**大《だい》　典《てん》**　大宰府の第四等官のうち上位の者

○ 第４回「太宰府検定」中級に合格された方には、2016 年度に開催する公益財団法人古都大宰府保存協会（「太宰府検定」実行委員会事務局）の「太宰府検定」関連講座を無料で受講いただける特典があります。

○ 受検者全員の特典として、協賛店舗・施設で各種の優待が受けられます。（詳細はホームページにてお知らせします）

合格者には
各級の認定証を授与します。
さらに木うそストラップを差し上げます！

受験料

初級・中級／各 1500 円（学生料金 500 円，親子料金 1 組 1500 円：税込）
上級／ 2000 円（税込）※「太宰府検定」中級合格者のみ受験可能

公式ホームページ▶ http://www.太宰府検定.jp

お問い合わせ先

「太宰府検定」実行委員会事務局　**公益財団法人 古都大宰府保存協会**

電話：092-922-7811　FAX：092-922-9524
〒818-0101 福岡県太宰府市観世音寺四丁目6番1号 大宰府展示館内
※月曜日休館（ただし祝日の場合はその翌日）※受付時間 8:30 ～17:00

主　催／「太宰府検定」実行委員会
福岡県文化財保護課、太宰府天満宮、九州国立博物館、九州歴史資料館、福岡国際大学、太宰府市商工会、太宰府観光協会、公益財団法人九州国立博物館振興財団、NPO 法人歩かんね太宰府、九州国立博物館を愛する会、公益財団法人古都大宰府保存協会（順不同）
共　催／太宰府市
後　援／福岡県、福岡県教育委員会、福岡市、福岡市教育委員会、大野城市、大野城市教育委員会、春日市、春日市教育委員会、太宰府市教育委員会、筑紫野市、筑紫野市教育委員会、那珂川町、那珂川町教育委員会／ＮＨＫ福岡放送局、ＲＫＢ毎日放送、九州朝日放送、ＴＮＣテレビ西日本、ＦＢＳ福岡放送、ＴＶＱ九州放送、ケーブルステーション福岡／西日本新聞社、朝日新聞社、毎日新聞社、読売新聞社／九州電力、九電工、西日本鉄道、福岡銀行、西日本シティ銀行／九州情報大学、筑紫女学園大学、日本経済大学／太宰府木うそ保存会、公益財団法人太宰府市文化スポーツ振興財団、西日本新聞 TNC 文化サークル、麻生西日本新聞 TNC 文化サークル／海鳥社（順不同）

水城・大野城・基肄城 築造1350年
筑紫野市・春日市・大野城市・太宰府市・宇美町・基山町
10周年 九州国立博物館

邪馬台国時代の大規模官道

丸山 雍成
Maruyama Yasunari

はじめに――『魏志』倭人伝の史料構成

弥生時代の末期、邪馬台国が日本列島のどこに存在したかは、古代国家の形成・構造特質に大きく関わる問題である。その所在地については、古来、九州説・畿内説を中心に諸説が百花繚乱の観を呈し、甲論乙駁、その帰趨を知らぬ状況がつづいている。もっとも、近年には概ね文献史学は九州説、考古学は畿内説というふうに集約されてはいるが、例外も少なくない。

先に筆者は、前近代から現代に至る邪馬台国研究史を、公平に期することに努めながら通観し、その研究成果を摂取・利活用しながら、新たに交通史の研究方法を導入、併せて考古遺跡・遺物との関連において、魏使が帯方郡から狗邪《くや》韓国から対馬・一大（一支＝壱岐）、末盧《まつろ》・伊都の諸国を経て、奴《な》・不弥《ふみ》または投馬《とうま》の各国、そして最終の「女王之所都」である邪馬台国（『魏志』倭人伝）へ行く道をさぐったことがある。(1)

『魏志』倭人伝とは、正確には『三国志』巻三十「魏書」烏丸・鮮卑・東夷伝第二十倭人条を簡略化した呼称で、これを読むと魏使が邪馬台国へ到達したことは確かである。その行程が明確になれば、邪馬台国の所在地論争、特に畿内（大和）説と九州説との対立、また九州内での女王卑弥呼の所在地などの問題は一挙に解決することになる。日本の国家形成史上の邪馬台国は、畿内では単線的発展、九州説では二段階の発展として、その歴史的構造や特質がとらえられており、単なる地理的次元の差異にはとどまらぬ意義がある。

『魏志』倭人伝の記事は、大別して、魏の帯方郡より倭の邪馬台国に至る旅程に始まり、風俗、および政治関係を中心とした歴史過程が叙述されているが、これらは帯方郡の太守弓遵《きゅうじゅん》が建中校尉《けんちゅうこうい》梯儁《ていしゅん》らを倭国に派遣し、詔書と金印紫綬を倭王（卑弥呼）に授けさせた時の梯儁の報告書、同じく帯方郡太守王頎《おうき》が塞曹掾史《さいそうえんし》張政《ちょうせい》を派遣した時の記録、三世紀前半までの帯方郡役所の収集記録、同後半の晋朝における社会常識や復命の報告書・見聞録などからなり、概して当時史料ないしこれに準ずるものといってよい。したがって、右を編集した記事は、五〇〇年後の『古事記』『日本書紀』等のそれよりも遥かに信憑性が高く、前者のなかの方向・距離や月日などに若干の間違いもあるとはいうが、これは部分的修訂ですみ、右の記事全体を否定する論議は学問的真理の追求とは大きく乖離することになる。

魏使の来航と九州諸国

海路の行程

　魏使が帯方郡から末盧国まで来たコース等については、従来あまり疑問・異論はない。しかし、対馬国に上陸する際、狗邪韓国より最短距離の北岸の港津に上陸し、島内を陸行で王都を経由して次の一支国に最も近い港津より出港したのか、それとも一港だけに停泊、王都を訪ねて同港に戻り出港したのか、必ずしも明確ではない。それというのも、『魏志』倭人伝は、対馬国の大官の呼称にふれ、彊域《きょういき》は方四百余里ほどで、「土地山険、多深林、道路如禽鹿徑」くして人家は千余戸だ、と明記しており、陸路を縦走した可能性も皆無ではないからである。また、これは一支国（壱岐）における後年の古代律令官道の終・始点、すなわち伊周、優通両駅に近接する壱岐北岸の勝本・印通寺浦勇頭の両港津で上陸、乗船したのか否か、換言すれば島内を陸路で縦走し、王都に休泊したのか否かも関連する。

　こうした検討は、三国時代の魏使の邪馬台国への行程が、特定の場所では大化改新以降の律令官道と大略同じルートを経由した可能性を前提とするものであるが、ここでは一応措き、次には魏使の船舶が末盧国のどの地点に上陸し、その後いかにして伊都国へむかったかを考える必要がある。『魏志』倭人伝の継の記事、「又渡一海千餘里、至末盧国、有四千餘戸、濱山海居、艸木茂盛、行不見前人、好捕魚鰒、水無深浅、皆沈没

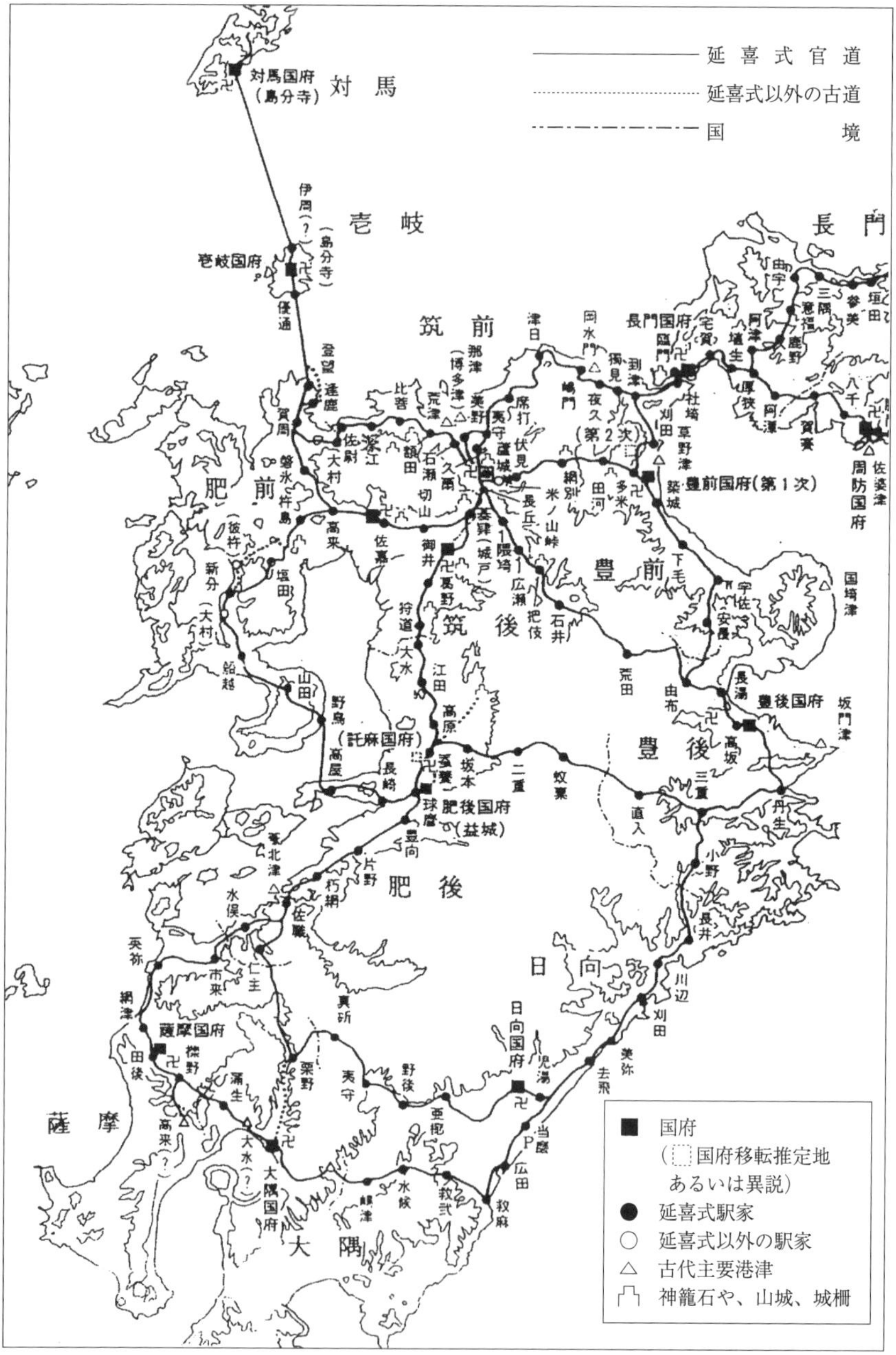

西海道の国府・城郭と駅路

（木本雅康「西海道における古代官道研究史」古代交通研究会 11 回大会〈2002 年〉レジュメによる。但し、『日本歴史地図・原始古代編』下、木下良作図に加筆）

取之」という情景は、先の対馬国の場合とともに、邪馬台国時代の道路の未開拓の典型例として、日本全国に共通するものと見なされてきた。確かに、対馬国では土地は山険しく、深林多くして、道路は禽鹿の径のごとし（対馬国）とか、草木茂盛して行くに前人を見ず（一支国）というのであれば、当時は車の利用や馬飼育の形跡なく、車馬通行の必要性もなかったという指摘は、尤な見解ではある。しかし、後述する伊都国の一大率関連の記事も、特に古代律令制下の駅伝類似の使節の存在を想定する必要を認めないのは、歴史学・歴史地理学・考古学者傘下の古代交通研究の共通認識のようである。[2]

北部九州の内陸コース

筆者は、後年の隋・唐の律令制を導入した古代律令官道に先行する邪馬台国・大和政権時代の道路が、秦・漢時代の律制などを模倣して造成された地域のあることを想定し、これを基礎として邪馬台国の道路を検証したいと思う。まず、魏使一行の上陸地は、松浦郡値嘉島の「泊船之停二處」（『肥前国風土記』）とした菅政友による白鳥庫吉説、名護屋付近の内藤湖南・水野祐説、唐津市付近とするのが諸説に相異なしとする森田悌説などがある。しかし筆者は、後の大宰府から壱岐・対馬へむかう石瀬・額田・比菩・深江（筑前）、大村・賀周・逢鹿または登望（肥前）という律令駅路が、『魏志』倭人伝の末盧・伊都・奴の各国経由の道筋と、直線部分はともかく殆ど一致すると推測している関係上、躊躇なく登望駅（呼子町小友）近くの港津に比定する。[3] 木下良氏は、登望より南下し、賀周に至る駅路の中間より分岐して唐津湾に接する逢鹿駅をもって（※登望－逢鹿は海岸ぞいを直通するのではない）、南東季節風が卓越する夏季には登望駅、北西季節風が吹く冬季には逢鹿駅が利用されたと推測する。[4] ちなみに、魏使が来たのは対馬・一支の事例から夏季である。

呼子港は、古代以来の海路の起点として栄えた港津で、呼子町の大友遺跡からは弥生人骨を多く出土し、両者のあいだに小友の港津が位置するが、おそらく登望駅近くの港津（小友）に魏使の船が着岸、すぐ上の上場台地に立ち、出迎えた末盧国の役人らに次の到着地を尋ねた時の返答が「東南陸行五百里」の伊都国だったといえる。この場合、右の地点から伊都国へは間違っても「東南」ではなく、時計の針左廻り四五度の方角となってしまう。これは先の対馬・一支における『魏志』倭人伝の記事にみるように、魏使が夏季に倭の地を訪れたことから、日昇・日没の方角が春・秋の節分日とは四五度も偏差を生じ、これを基準としたからである。

呼子の港津小友と登望駅から「東南」すなわち東の方角に伊都国の港津深江が遠望される。さらに、これより「東南」すなわち東の「百里」先の奴国に至るというのだから、呼子の小友港に接続する登望駅の地から、東の方角一直線上に伊都、奴の両国が縦列するということになる。それだけでなく、『魏志』倭人伝における方角記事は、すべてを時計針の四五度左廻わりに修正すれば現代の正規の方角に合致し、従来いわれた九〇度転換説などは完全な誤りである。なお、同書における魏使の各国への到着地点を、はじめから王都として各国間の距離基準を算定するむきもあるが、これは魏使の行程上初の各国境とすべきであって、邪馬台国所在地論争の初発時の内藤虎次郎説以来、すでに通説化しているはずである。以上のことから、魏使の各国への到着地点と方角問題はすべて解決する。

呼子の登望駅から上場台地を南下して賀周駅を過ぎ、東へ分岐して進むと鏡渡し、この付近は松浦川とその支流徳須恵川の合流点に近く、松浦郡家が所在した地（唐津市久里）と比定される。この間には、末盧国の王墓推定地の桜馬場遺跡があり、宇木汲田《うきくんでん》遺跡・柏崎田島遺跡などから弥生時代前・後期の多紐細文鏡《たちゅうさいもんきょう》以下、また前漢の日光鏡などが出土し、久里《くり》双水《そうずい》古墳（長一〇八メートル、前方後円墳）からも盤竜鏡《ばんりゅうきょう》ほかが発見されている。これらは、末盧国王かその係累者との関係が指摘されているが、魏使が休泊した王都自体は明らかでない。おそらく魏使は、後代の律令官道にそい大村駅付近まで至り、ここで北上して筑前佐尉駅（糸島市二丈町）までは山間部を通り、夏季の「草木茂盛」する道路を通過し、ここで福吉付近から海岸線にそいつつ東行、伊都国境の深江駅付近に到着したものと思われる。もっとも、『魏志』倭人伝の先の末盧国関係の記事からすれば、海士らが魚・鮑などを捕獲する状景は、登望駅近くの港津ともみられるが、もし海浜でのそれならば魏使は松浦川の渡河後、鏡山の北麓の海浜伝いのコースをたどった可能性も生じる。この場合は、前述した後の律令官道のコースとは一部で合致しない箇所も生じる。魏使が鏡山の南、北両麓側いずれを通ろうとも、その先は大村駅から筑前へ入る道しか想定できない。

伊都国の内政・外交上の役割

こうして魏使自身は陸路、伊都国境にあたる後の深江駅付近に到着するが、その携行荷物の多くは呼子小友の港津より唐津湾ぞいか、あるいは「東南」（※東）方向へ船を直進させて、深江港に運ばれることになる。それは先の「東南陸行五百里」のように魏使は威儀を正して陸行し、荷物は、次の記事の後半部（※傍線部分）と同様と考えられるからである。

収租賦、有邸閣、國國有市、交易有無、使大倭監之、自女王国以北、特置一大率、検察諸国畏憚之、常治伊都国、於国中有如刺史、王遣使詣京都・帯方郡・諸韓国、及郡使倭国皆臨津捜露、伝送文書賜遺之物、詣女王不得差錯

この傍線部分を判読すると、邪馬台国の女王傘下の諸国王が魏の都城洛陽や帯方郡、諸韓国（※三韓七四ヵ国）へ使者を派遣するときや、郡（※帯方郡）治所の使臣が倭国に来る際は、みな伊都国の港津で所持品の中味をひらいて検閲し、魏本国や帯方郡などからの文書や賜遺（賜贈）の品物は女王のもとへ伝送し、そこに間違いがあってはならない、ということになる。この伊都国には「一大率」（※一人の大率）が特に常置されて諸国を検察、大いに畏れ憚られていたが、これは中国の刺史（※州内の兵馬の権をにぎり、郡太守を監察する行政官）のような存在である。なお、邪馬台国では貢物を収納する邸閣があり、傘下の各国には市が立ち、有無の物資を交易、邪馬台国の高官「大倭」がこれを監督している、ともいう。

この「大倭」については従来、魏・女王・大和朝廷が任命した官人とする説以外に、倭人の大人（階級）、一大率とみたり、「大」を衍字《えんじ》として否定する説もあったが、ここでは邪馬台国の女王配下の高官と措定する。また、「一大率」も、その呼称は倭代の「大宰師」と後尾が同じ「ソツ」であって、かつては大宰府と結びつける傾向もあった。『日本書紀』『続日本紀』などは、推古天皇十七年に「筑紫大宰」、そして大宝二（七〇二）年からは「大宰師」などと呼ばれて、この大宰府は古代律令制下、内政上は天長元（八二四）年以降、西海

道の九国二島を総管し、また対外的な軍事・外交を任務とする、まさに「遠《とお》の朝廷《みかど》」（『万葉集』）とも謳われる特別の地方大官庁であった。

大宰率（帥）と、伊都国に派遣、常置された一大率とは、特定諸国の内政検察や外交・軍事などの諸機能面できわめて類似する点に特徴がある。もっとも、異なる点は、前者が日本列島の大部分を支配下に収めた律令政府の下で西海道諸国の全域を監察、管轄するのに対し、後者は西海道諸国の過半部分を支配する邪馬台国（女王国）の下で、「女王国以北」の諸国を検察の対象とするという、支配領域の大小の差だけである。なお、一大率が検察する「女王以北」については、狗邪韓国にはじまり対馬・一大（支）・末盧・伊都・奴・不弥・投馬の計八ヵ国とする説もあるが、これは『魏志』倭人伝の「其余旁国」をふくめて取捨選択の余地がある。また、一大率を大宰府の先蹤的官制とするのはともかく、大和朝廷や魏の派遣官という説は、歴史的事実関係の検証によって完全に否定されてしまう。

このように邪馬台国時代の伊都国の一大率が、後代の律令国家の大宰府の先蹤であり、殆ど二重写しの存在であることが確定すれば、邪馬台国の位置措定はきわめて容易となる。それは、邪馬台国の都城中心の諸官道、そのうち「女王国以北」では伊都国中心の諸官道、という交通体系であって、律令国家の都城中心の五畿七道―西海道では大宰府中心の諸官道、のそれに対応するからである。したがって、伊都国からは邪馬台国への基幹ルートはもちろん、主要諸国への交通路も概ね放射状に通じているはずであり、これを前提として『魏志』倭人伝の行程記事にもどると、伊都国の「東南」（※東）は奴国で百余里、「東行」（※東北行）して不弥国百里、「南」（※南東）の投馬国に至るには水行二十日、「南」（※南東）の邪馬台国へは水行十日、陸行一月というわけである。

右の場合、順次的に方位不修正のまま直行したとすれば、邪馬台国は遠隔の東海中（太平洋上）に位置することになるので、方位九〇度に補訂する必要がある。もっとも、これは極端すぎるので反論も多いが、夏季と春秋季との差、方位四五度に修正すれば、まったく矛盾を生じない。なお、『魏志』倭人伝は帯方郡治所から女王国の国境まで一万二千余里とする一方、「計其道、當在會稽東冶之東」とも記しているが、会稽郡東冶県（現、福建省閩侯県付近）の「東」であれば東海中に没するが、同じく方位四五度の補正により殆ど九州中央部へと直行する。

　邪馬台国への途を右のような順次式でなく、『魏志』倭人伝の行程記事がA方位―距離―国（対馬、一大、末盧、伊都国間）、B方位―国―距離（奴、不弥、投馬、邪馬台国間）に書き換えているところから、榎一雄氏は伊都国では「郡使往来、常所駐」の字句を採用、魏使が伊都国まで来て駐在、その先の各国への方位、距離などを聴き、邪馬台国へは行かなかったと見なし、他の例証を加え、伊都国放射式説を提示した。これは邪馬台国の九州所在説を導き、そこへの行程を示しうる画期的な読解法であることから非常な影響力を発揮したが、それだけに自説を固持する特定の研究者からは強い反論もあった。しかし筆者は、榎説における魏使が伊都国に駐留して邪馬台国まで到らなかったとする点や、後に一部修訂した部分などはともかく、伊都国が後代の大宰府と同じ機能を保持したかぎりにおいて、決して歪曲した読解法ともいえず、受けいれ可能な見解と判断している。

奴国とその大規模官道

伊都国を中心として各国へ発する道筋は、身近かな所では先に経由した末盧国、同じく隣接する斯馬国・奴国、それに不弥国、さらに多少遠隔地では投馬国、邪馬台国へと水行、陸行をふくめて連なるとみてよい。

　まず、斯馬国は『魏志』倭人伝では、邪馬台国の「旁国」の頭初に記されるも、『翰苑』の綱文「邪届伊都傍連斯馬」を多様な読み方をして明確でなかったが、「邪（ななめ）は伊都に届（いた）り、傍ら斯馬に連なる」と読むべきである。そうすれば末盧国から陸上、伊都国に達する深江駅（同港津）付近で、右斜め前方に進むと伊都国、その傍らに連結するのが斯馬国ということになる。倭のなかでは、最古の王墓ともいう三《み》雲《くも》南《みなみ》小路《しょうじ》、そして井原《いはら》鑓溝《やりみぞ》・平原《ひらばる》の各遺跡が伊都国の中央地帯に位置するが、幅約三メートルの大溝を長さ五〇メートル四方にめぐらす王館址と推定される遺構が三雲南小路から最近発見された[5]。

　ここに近い場所の、特に大和王権時代以降の県主、郡司らの役所（郡衙）と推定される「郡里」からは、斯馬国の泊《とまり》城《き》ノ崎《さき》（御《お》道《どう》具《ぐ》山《やま》古墳・大塚古墳）付近にむけて、七〜八世紀の律令官道（伝路）の側溝と並行

邪届伊都、傍連斯馬、
廣志曰、倭國東南陸行五百里、到伊都國、又南至邪馬嘉(臺)國、百(自)女〇(王脱)國以北、其戸數道里、可得略載、次斯馬國、次巴百支國、次伊邪國、安(案)倭西南海行一日、有伊邪分國、無布帛、以革爲衣、盖伊耶國也、

倭国の方角とその行程（張楚金撰『翰苑』、傍線は筆者による）

しながら、弥生時代中期後半ないし後期のほぼ並列溝が重複的に走っており、志登神社（式内社）近くで発掘されている。弥生時代中、後期というのは、その溝状遺構からの出土遺物（土器・銅鉄など）による推定であり、(6) 伊都国では律令官道以前より道幅六、七メートル程度の官道が成立していた可能性がある。

次に、奴国は、後代の深江駅付近から「東南」（※東）へほぼ直線的に進み（現・県道）、左手に三雲遺跡などを望見しながら日向峠を越えたところである。ここは須玖・岡本遺跡の王墓で著名であるが、往時は博多湾が奥深く入り込んでいたため、奴国はその湾岸ぞいの平野・台地として二万余戸を擁するため、その疆域はひろいものとなった。王都も、須玖・岡本遺跡付近から、比恵・那珂遺跡群のそれへ遷ったという説もある。(7) 後者では、二条の直線状の並列溝（道路の側溝）が発掘されたが、比恵遺跡の場合、弥生時代の中期中頃から古墳時代の前期中頃までの遺構で、溝間の幅は広いもので芯々間が一〇メートル、内側の上端の間が九・五メートル、狭いもので芯々が約六メートル、内側五メートル余、多くは芯々七〜八メートル、内側六メートル程度のようである。那珂遺跡のそれは、芯々が八・二〜八・五メートルが広い方で、狭いものは芯々四・五〜七・五メートル、内側三・二〜五・六メートル。これらの全長は一・五キロメートルの直線道路となる。このほか、博多遺跡群でも並列溝が発見され、芯々が五・五メートル前後で一定し、須玖遺跡群の南西約二キロメートルの警弥郷《けやごう》B遺跡では、古墳時代前期の並列溝で、集落間の道跡と推定できるとされている。(8)

これは先の一支国の内海と王都原の辻を結ぶ幡鉾《はたほこ》川

近くの弥生時代中期の突堤二本（船着場）と道幅七メートルの通路にも共通するが、弥奴《みぬ》国王都とみられる吉野ヶ里遺跡の日吉神社横を通る道幅五、六メートルの古道も、おそらく弥生時代後期以来の直道と推測される。

　さらに、不弥国は、従来の順次式により奴国から「東行」百里とすれば、糟屋郡の中心地域である宇美町付近（『古事記』・『日本書紀』の「宇美」・「宇瀰」）で、ここには同郡最古・最大の方正寺古墳もあり、このほか太宰府付近や飯塚市（旧穂波郡）の立岩遺跡などが考慮されてきた。しかし、距離その他の諸検討でいずれも一長一短があり、容易には決しがたい。伊都国放射状式を唱えた榎一雄氏も、「那珂川の流域で奴の北方、今の博多そのものにあたりそうであるが、やはり太宰府か宇美の方面に比定する」立場、すなわち氏を批判した橋本増吉説などに回帰した。それは、榎氏の季節的方位観にあいまいさが残っていたからで、これを徹底すれば伊都国から「東行」（※東北行）百里の場所は紛れもなく博多湾の東岸、香椎宮（『日本書紀』は「橿日宮」）付近か、近接する古賀市の谷山地区遺跡群あたりに収まるのである。ちなみに、香椎宮は仲哀天皇・神功皇后を祀り、この地は宇美町と同じ糟屋郡に属して「夷守《ひなもり》駅」が存在した。近年、谷山地区遺跡群の船原古墳そばから金銅製の馬具・武具が出土しているが、玄界灘側を北上すると福津市津屋崎の在日剣塚古墳（胸形＝宗像君一族の墓か）のほか、金銅製装身具・馬具以下を出土する宮地嶽古墳や波切不動古墳などがあり、この一帯が不弥国の彊域かとも推測される。

7.4m
※削平を考慮すると当時の
道路面幅は6.5m前後か。

那珂遺跡群南半部の道路遺構
（久住猛雄「弥生時代三都物語　奴国と伊都国の〈都市〉」福岡市教育委員会より転載。写真は福岡市埋蔵文化財センター）

投馬国へのコース

　かつて不弥国を玄界灘沿岸で博多より北方の津屋崎付近に措定した笠井新也氏は、日本海沿岸を東北、東行する方式をとり、次の投馬国は途中の出雲であるとした。立岩遺跡を重視する研究者は遠賀川をくだり玄界灘、そして関門海峡から瀬戸内海を東上、大和に達するとみて、その途上の周防玉祖郷《たまのや》・備後鞆《とも》・但馬友《とも》と諸説が生じた。一方、邪馬台国＝九州説の各論者も、不弥国の比定地から南方向をさがし、筑後（上妻・下妻郡＝福岡県八女市）、薩摩、肥後（託麻《たくま》、玉名郡）、日向（児湯郡妻《こゆぐんつま》＝西都市）などの諸説を生んだが、最後尾のそれへの支持者が伝統的に多いものの、弥生遺跡の存在状況からの批判もだされてきた。

　筆者は、先の伊都国基点の放射式コースを適用、『魏志』倭人伝の「南」（※南東）方向へ、九州地図上に直線コースを引くと、ほぼ正確に鳥栖・久留米・八女・山鹿・菊池各市を越えて、宮崎県西都市に到達する（なお、邪馬台国へも『魏志』倭人伝は同じく「南」（※南東）方向とするから、右の途上の地域と推定され、多少幅をひろげれば、三田川〜神埼町や熊本市域もふくまれる可能性がある）。それでは伊都国の深江港津を発した一行は、どのコースをとったか。これは陸行をとらぬかぎり、次の「水行二十日」の二つしかない。

A　東廻わり…玄界灘を東北行→関門海峡→周防灘→豊予海峡→豊後水道→日向灘→西都市

B　西廻わり…唐津湾を西行→平戸瀬戸→西彼杵半島沿岸（角力灘）→天草灘（または不知火海→黒之瀬戸）→薩摩半島沿岸（甑海峡）→大隅半島沿岸→志布志湾→日向灘→西都市

　この場合、Aは、各灘が連続して、弥生時代の船舶としては難航路といえるようである。例えば、近世の東九州大名の参勤交代の船隊など、風・潮待ちなどで十日前後も港津内で滞留したことがあり、日向灘では黒潮の北上に遭うため、薩摩藩主島津氏など参勤・下国時には途中の細島《ほそしま》港で乗、下船して日向街道を長路往復せねばならず、このため同氏は九州西海岸から玄界灘へ出るか、九州の南〜北陸路を縦断するコースをとることが多かったのである。『魏志』倭人伝に「陸行」の記事がないのも、魏使が日向街道をとることとのなかった証左となろう。

　他方、Bは、唐津湾を出て平戸瀬戸までは日本海に入る黒潮（対馬海流）に逆らう関係上、潮流の速度次第で難航することが多いが、しかし近世の福岡藩主黒田氏が隔年の長崎警備に往復する際、その船隊は平戸瀬戸の潮流の頃合いを見きわめて無事通過しており、極端に難路というものではなかったようである。これを過ぎると角力灘・天草灘もややきびしいが、本渡瀬《ほんどせ》戸《と》などから静穏な不知火海に入る航路があり、その後は薩摩・大隅南半島ぞいに航行するも、開聞崎から佐多岬で黒潮の激流にぶつかるが、その後は黒潮の支流に乗って志布志湾、都井岬を北行し日南海岸、さらに宮崎平野の東岸を北上して、西都市に到着する。『魏志』倭人伝のいう「水行二十日」は、妥当な所要日数といえよう。

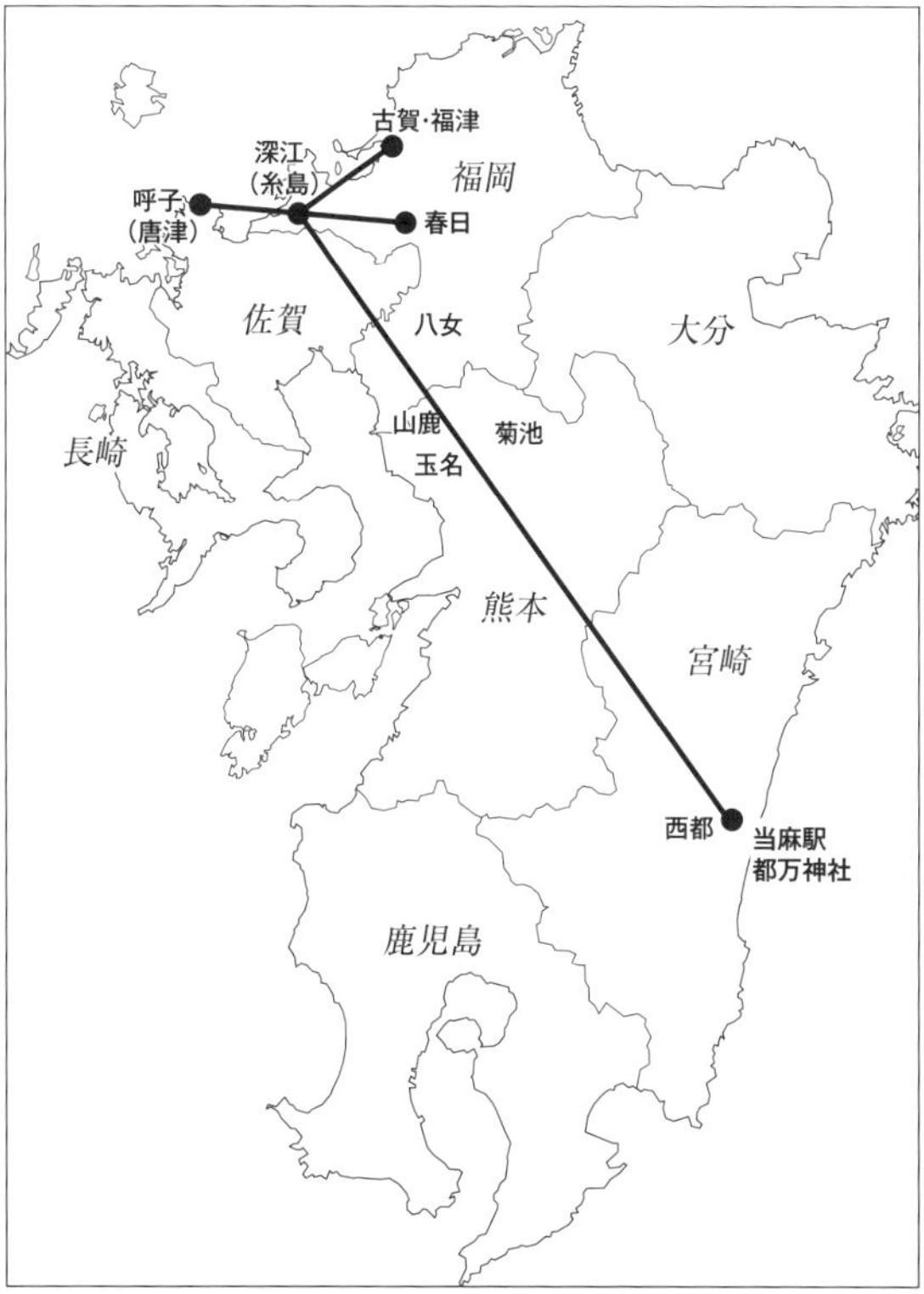

邪馬台国・投馬国への方角

魏使が倭を訪れた夏季は、日昇・日没の方角が春・秋の節分日とは45度も差異がある。これを踏まえて『魏志』倭人伝の「南」(実際は南東) 方向へ直線コースを引くと、宮崎県西都市に到達する

大隅半島から宮崎平野には、志布志湾ぞいの唐仁《とうじん》古墳群（大塚古墳は長一八四メートル）以下、塚崎古墳群が、宮崎平野には生目《いきめ》、本庄両古墳があり、西都市付近には九州最大の西都原《さいとばる》、新田原《にゅうたばる》両古墳群以下が集中、近年にはその築造時期が三世紀中頃ともみられるものも発掘され、畿内先行の通念を突きくずしはじめている。西都市が律令時代には日向国庁・国分寺・同尼寺や都万《つま》神社、西都原古墳群以下の所在地で、政治・宗教上の枢要な都市であるにもかかわらず、青銅器も少なく水田なしなどが宮崎平野の特徴だと酷評して、投馬国の存在自体を否定する見解もあった。しかし、こ

れは近年大きく修正され、小山修三氏の「弥生時代の遺跡分布図」によると、九州内では有明海沿岸の内陸部（肥前・肥後・筑後地域）が数的に突出し、日向灘沿岸の南部（日向・大隅の一部）がこれに次いでおり⑨、『魏志』倭人伝が「五萬餘戸」ほどとする数値を多少過大とみても、大隅を分離する以前の日向の投馬国が邪馬台国に次ぐ存在だったことは否定できないだろう。

邪馬台国への途

水行コース

最後に、邪馬台国へは、『魏志』倭人伝では「水行十日陸行一月」の所要日数というわけであるが、この行程は、先にふれた順次式なら投馬国出発で「南」（※東南）方向へ進むと太平洋上となり、放射状ならば鳥栖《とす》・久留米・八女・山鹿《やまが》・菊池各市を結ぶ一直線上の特定領域をめざすことになる。なお、「水行十日陸行一月」が「水行十日」プラス「陸行一月」と加算的にみる目的地なのか、「または」と並列的なそれかについての議論があるが、後者とする論証および援用の論著に従いたい。ところで、『魏志』倭人伝は、伊都国とその近隣国までは行程を「里数」で表現しながら、投馬国・邪馬台国へは「日、月」を充てている。これは伊都国までは、倭の水先案内や接待役人の説明に、魏使自身の学識と実見を加味して記録したのに対し、伊都国に到着後は遠隔の国々について、現地人の説明どおり記したためで、それも『隋書』倭国が「夷人不知里数、但計以日」と記すように、当時、倭人は里数を使わず日数を充てるのが習慣だったのだろう。

さて、魏使は水行の場合、投馬国へと同様、伊都国から平戸瀬戸を越えて南下するが、やや異なるのは西彼杵半島の対岸、俵ヶ浦で次のａ・ｂいずれかのコースをとったはずである。

ａ　佐世保湾→針尾瀬戸→大村湾奥→船越（諫早）→諫早湾→有明海

ｂ　西彼杵半島の西沿岸→角力灘→長崎半島の野母崎→天草灘→早崎瀬戸→島原湾→有明海

これはａが大村湾経由で、同湾と諫早湾とを船越で結ぶコースである。ｂは天草灘から右に天草諸島、左に島原半島をながめつつ進むと、さらに右に肥後の宇土半島、そして熊本・玉名両平野ぞいを北上すると緑川・白川・菊池川が、筑後の筑紫平野ぞいに矢部川・筑後川が、島原湾・有明海に流入している。先の榎氏は、この行程で邪馬台国を矢部川上流の築後山門郡（後には筑後川下流の御井郡）に求めたが、白川・菊池川流域の肥後熊本・菊地平野およびそれらの上流域にひろがる広範な盆地（台地・平野）はどうか。筆者は、それら河川流域の縄文〜古墳時代の遺跡・遺物の出土状況を俯覧した上で、肥後では菊池川のそれが最も稠密であると判断し、検証してみた。

邪馬台国の領域

その過程で、邪馬台国の領域を措定する必要上、『魏志』倭人伝の記事を見ると、女王国の「東」（※東北）に千余里渡海すれば、また国があるが、みな倭人と同じ種族である。さらに、その「南」（※東南）には侏儒国（※長三、四尺の小人国）が女王国から四千余里の所にあるが、また、その「東南」（※東）には裸国・黒歯国があって、航行一年にして到達すると述べ、「倭地」について次のように記している。

参問倭地、絶在海中洲島之上、或絶或連、周旋五千餘里、

ここでは「倭地」が何をさし、「周旋五千餘里」の意味するところを検討し、邪馬台国の彊域を措定することにしたい。ここで「倭地」を倭国と仮定すると、それは㋑邪馬台国（女王国）、㋺北部九州の諸国、㋩「旁国」二十一ヵ国のうち、㋑のみか、㋑+㋺か、㋑+㋺+㋩かといえば、㋑邪馬台国のみの可能性が大となる。

これまで榎・水野氏以下は、狗邪韓国つまり倭の北限から女王国の南限までは五千余里とし、「周旋」を周囲、一周する義としたのは誤まりで、他を纏繞《てんじょう》するのではなく自己が旋転する意味とする説を採ったからである。その前提として、a帯方郡〜女王国南境が一万二千余里、b帯方郡〜狗邪韓国が七千里、その差引き（a-b）のc狗邪韓国〜女王南境が五千余里、と数値がピタリの距離計算であることにもとづく。しかし、これは狗邪韓国から女王国南境までの片道行程であって、海岸線にそい周游する纏繞とはならず、自己旋転といわざるを得なかったのである。

『魏志』倭人伝の前出・倭地の参問（訪問）記事は、

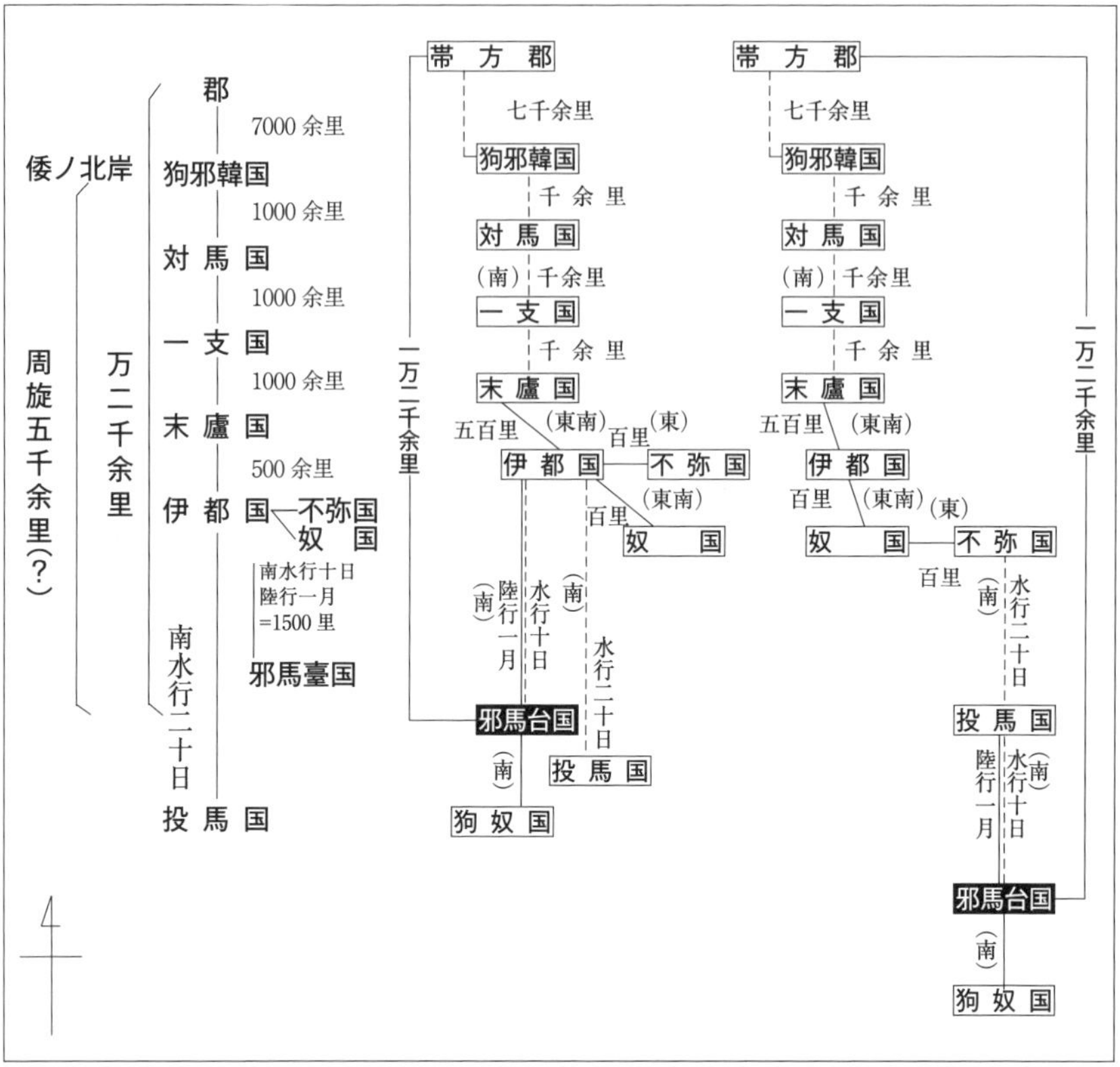

伊都国中心の放射式コースと順次式コース

先の帯方郡や狗邪韓国からの距離の記事とは直接連続しておらず、倭地が海中の洲島の上に孤立して存在し、島嶼のあるものは絶島、また連続して、……に続く文意でもある。これは先の伊都国深江を出港して邪馬台国をめざし、有明海を航行するまでの諸島の状景を表現したものといえる。また、同書は「其餘旁国、遠絶不可得詳」とも別記しており、実際には「旁国」にも直接「参問」した様子もみられず、その挙げる「旁国」の名称も伝聞の域を出るものではなったように思う。

　これを前提として「倭地」（倭国、ここでは邪馬台国と特定）の領域を、まず真円と仮定して周旋五千余里を円周率（三・一四）で割ると直径一五九〇余里。王都が国の中央部に所在したと仮定すると、これを中心として半径七九五里のコンパスを回転させた分が「倭地」すなわち邪馬台国の領域となるが、実際には南北に長い楕円形と推測される。王都より半径の長さは末盧~伊都国間五〇〇里の約一・六倍程度であるから、九州内陸部に収まるとみてよい。

それでは、王都はどこかというに、先の伊都国から投馬国への一直線上で、しかも白川・菊池川・矢部川・筑後川の上、中流部の内と推定されるが、それは領域七万戸の中心にふさわしい堅固な大城郭を背景とした広面積の台地上に政庁や館邸・民家等を収め、その眼下に宏大な水田平野が延び、軍事・交通上の要衝でもある場所でなければならない。

九州諸国の本田面積その他による対比表

国名	郡数	郷数	本田面積	正・公	本稲	雑穀類
筑前	一六	一〇二	一万八五〇〇余丁	各二〇万〇〇〇〇束	七九万〇〇六三束	三九万〇〇六三束
筑後	一〇	五四	一万二八〇〇余	各二〇万〇〇〇〇	六二万三五八二	(三)二万三五八二
肥前	一一	四五	一万三九〇〇余	各二〇万〇〇〇〇	六九万二四九九	(二)九万二五八九
肥後	一八	九八	二万三五〇〇余	各三〇万〇〇〇〇	一五七万九一一八	七七万九一一八
豊前	八	四三	一万三二〇〇余	各二〇万〇〇〇〇	六〇万九八二八	二〇万九八二八
豊後	八	四七	七五〇〇余	各二〇万〇〇〇〇	七五万三八四二	二五万三五四二
日向	四	二八	四八〇〇余	各一五万〇〇〇〇	三七万三一一〇	七万三一一〇
大隅	八	三七	四八〇〇余	—	—	—
薩摩	一三	三五	四八〇〇余	各八万五〇〇〇	二四万二五〇〇	七万二五〇〇
壱岐嶋	二	一一	六二〇	正 一万一五〇〇 公 五万〇〇〇〇	九万〇〇〇〇	二万五〇〇〇
対馬	二	九	四二八	—	三九二〇	—

(『倭名類聚抄』による)

諸説のなかでは、「水行十日」に「陸行一月」を同一日の誤記として追加しようとするものもあるが、特にその必要はない。「陸行一月」は、魏使を海中へ追い入れるほど過大な数値で、諸研究者がその取扱いに苦心する字句でもあるが、筆者は、高橋善太郎氏が、魏使をして陸路をとらしめない倭人の方便から出た大きな数字と推測したのと同じ意見で、倭、特に伊都国では魏使を陸行で邪馬台国へ案内することを絶対に避けるという、軍事・政治上からも重要な高等政策を堅持していたためと考えている。

この問題は、原始国家（邪馬台国連合）と古代律令制国家に共通する政治機構の伝統性を比較するとき容易に納得できる。例えば、後者は隋・唐・新羅などの中国・朝鮮使節が来朝した際、先方は最初から大宰府に国書以下の文書を持参して来意を告げ、大宰府は使節を研問したうえで朝廷（太政官）へ上申するか、みずから却下などの措置をとる。上申妥当のときは駅使をもって山陽道の陸路（直道）を急ぎ走らせ、使節は博多湾に面する鴻臚館に逗留して、太政官の回答を待つ。その回答次第で本国へ引き返すか、朝廷参向の上京となるが、上京の場合、使節らは大宰府差廻わしの水先案内の誘導で船を瀬戸内海にすすめて、遠く難波の鴻臚館に到り、そして朝廷のもとに参向した後、帰途も逆コースで海路、博多湾へとむかい、陸路の山陽道は使用しない。

この方式は、原始国家の内、伊都国一大率と邪馬台国女王とのあいだでも、すでに成立していたものと思われ、それが古代律令制国家の段階にも引きつがれたと見なければならない。『魏志』倭人伝が描く、伊都国への「郡使（※帯方郡使）往来、常所駐」とか、先述した伊都国での一大率の検察以下の記事は、伊都国が後代の大宰府そのものであって、国家最重要の外交文書や贈答品の監察、「伝送」は伊都国の主任務の一つだったのである。

それは、さらに中、近世の封建制下でも継承されたことは、鎌倉幕府の鎮西奉行、江戸幕府の長崎奉行所における外交職掌と運営からも明らかである。特に後者における外交使臣への対応は、幕府―長崎奉行間の往復通信によって処理され、外国船が直接、江戸湾内に入るなど、まったくの禁制であり、すべて長崎廻航後の奉行所経由を強いられた。国内の西南諸大名の参勤交代でも、瀬戸内海を大坂または伏見まで航行できても、直接江戸湾へ入ることは厳禁（武器以外の携帯荷物は認可）とされ、すべて東海道か中山道の二大関所の検閲をうけて通行したことなど、原始、古代以来の伝統的高等政策の特色がよく継承されている。

陸行コースと「車路」

それでは伊都国を出発した駅使相当の者は、どのコースで邪馬台国へ急報または物資伝送の役割を果たしたのか。

まず、筑前では、日向峠を越えて奴国（須玖・岡本遺跡の王墓付近）内、それより肥前基肆駅付近から鳥栖経由（ここには後述「車路」地名がある）、筑後国府・郡家があった御井駅（久留米市）に達するが、この近くには高良山神籠石ほか重要遺跡が多く、原始・古代の政治・軍事・交通上の要衝でもある。次は葛野駅で、近世の薩摩街道羽犬塚付近、ここでも「車金」「車路」や「古道」などの小字名を残し、道跡遺跡が直線をなす。これより女山《ぞやま》神籠石の眼下を通りながら狩道駅付近に着くが、同駅は山川町甲田・尾野の両説があり、前者には「御厩」・「山大道」なる小字名があり、筑・肥国境に接する北関・南関（大津山関）と大水駅に到着する。この地は古代～近・現代を通じる交通上の要衝で、街道両側の大津山・鷹の原両城と環濠に囲繞された町屋が、繰り返される戦乱の厄に遭ってきた[10]。

この肥後の大水駅から、菊池川ぞいの江田駅へむかうが、ここには全国的に著名な江田船山古墳の近くに、近年発掘されながら未知の松坂古墳（前方後円

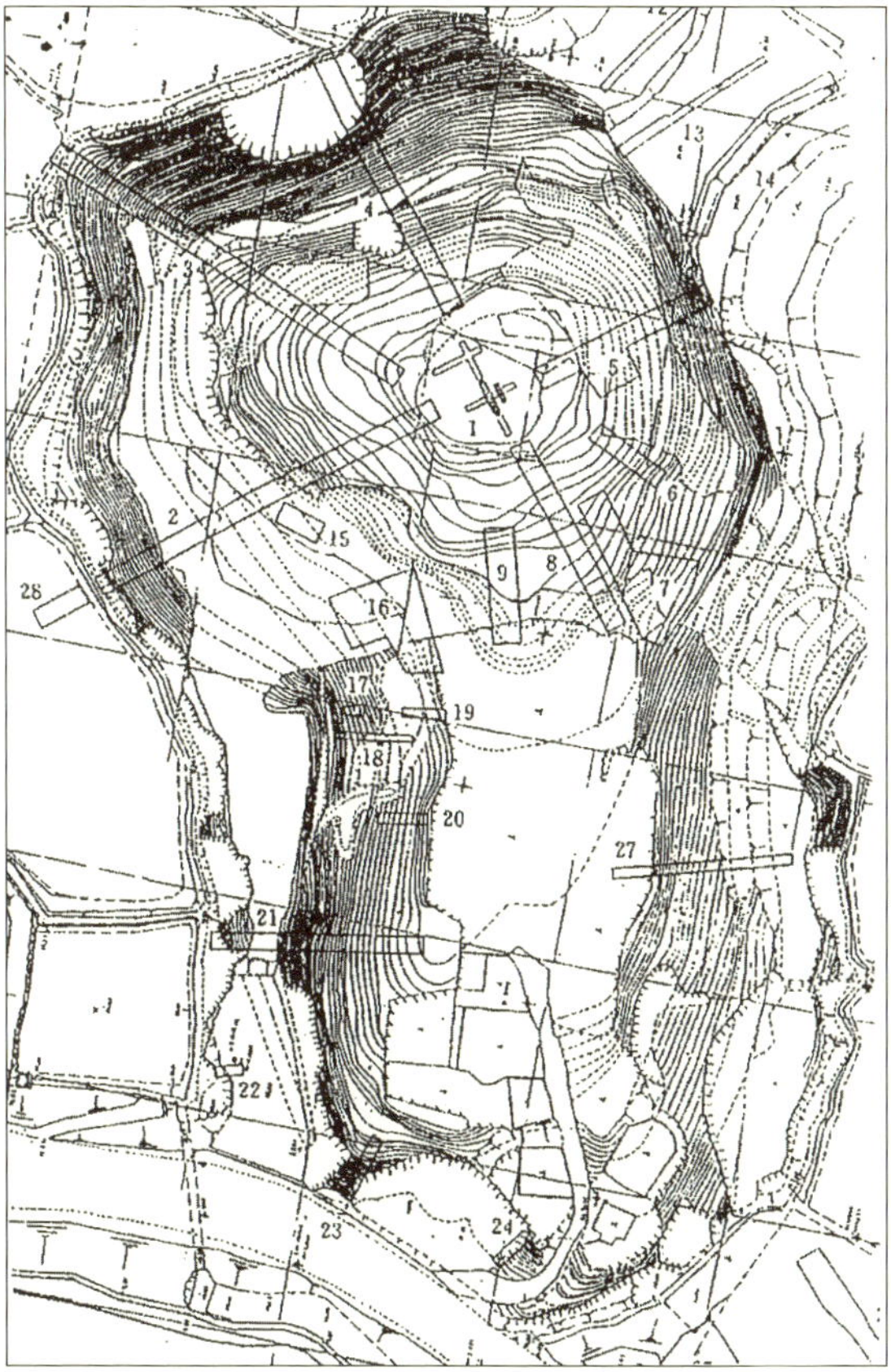

松坂古墳実測図
（『菊水町文化財調査報告・松坂古墳』1999年による）

墳、長一三四メートル ± 四メートル）があり、邪馬台国女王の「冢径百歩」（約一四〇メートル）にほぼ同じである。江田駅からは律令官道は高原、蚕養《こがい》の両駅を経て託麻国府・同郡家の方向へ進む。ところで、大水、江田両駅間に位置する、近世の薩摩（豊前）街道上の南関手永肥猪《こえい》村に「車路原」の小字名があり、[11] さらに山鹿市鍋田にも「車路」、同市の中には「車地」、そして菊池市野間口に「車町」、同市出田に「車地」のあることが鶴嶋俊彦氏によって発見された。これを結ぶ路線（ルート）は、鞠智城とその南の「うてな」台地間を通過するもので（鞠智城へは南門にあたる堀切門に通ずる）、鞠智城の東方、二重峠までのあいだの伊坂上原遺跡や面《めん》ノ平《ひら》遺跡その他にも「車路」地名が見つかり、[12] また道路状の遺構も発掘されている。

　このほか、近世の地誌『肥後国誌』飽田郡下立田村「泰勝寺龍田山」の項に、往昔、同郡国分の蜑《あま》長者が娘の嫁入りに、菊池郡米原長者へ大きな車で夥しい財宝を送るべく新道をつくったという伝説を記していることから、国府と鞠智城を結ぶ官道が「車路」だとも推測された。[13] これに対しては、鞠智城の築城を筑前の大野・基肄両城と同じ頃とする立場から比定する木下良氏の見解もあり、[14] 鞠智城の築城起原を未確定とする立場からは簡単には決しがたいが、次第に克服されつつある。

　かつて木本雅康氏は、①筑後狩道駅から三毛・玉名郡家を経由して高原駅へ達するルート、②狩道駅から大水・江田・高原駅を経由する『延喜式』駅路ルート、③大水駅から東行して鞠智城へ達し、その付近から南下して蚕養駅にむかうルートが、いずれも当初から存在していたとし、特に鶴崎氏が明らかにした豊後方面へむかう「車路」、[15] 肥後国府と鞠智城を結ぶ車路の問題を今後の課題とし、木下氏も最近は国府またはその成立以前の託麻評家と鞠智城との連絡官道と修正している。[16]

　最も鶴崎論考を高く評価したのは岡田茂弘氏で、「その道路復原が正鵠を射ているなら、鞠智城は南九州の西海道東西両ルートの結節点に位置する」としながらも、史料に初見する「鞠智城の繕治」は南九州での不測の状態に備えたもので鞠智城が初期には南九州の統治にかかわる大宰府の出先機能を有したもの、と考えている。[17] 果たして、そうか。

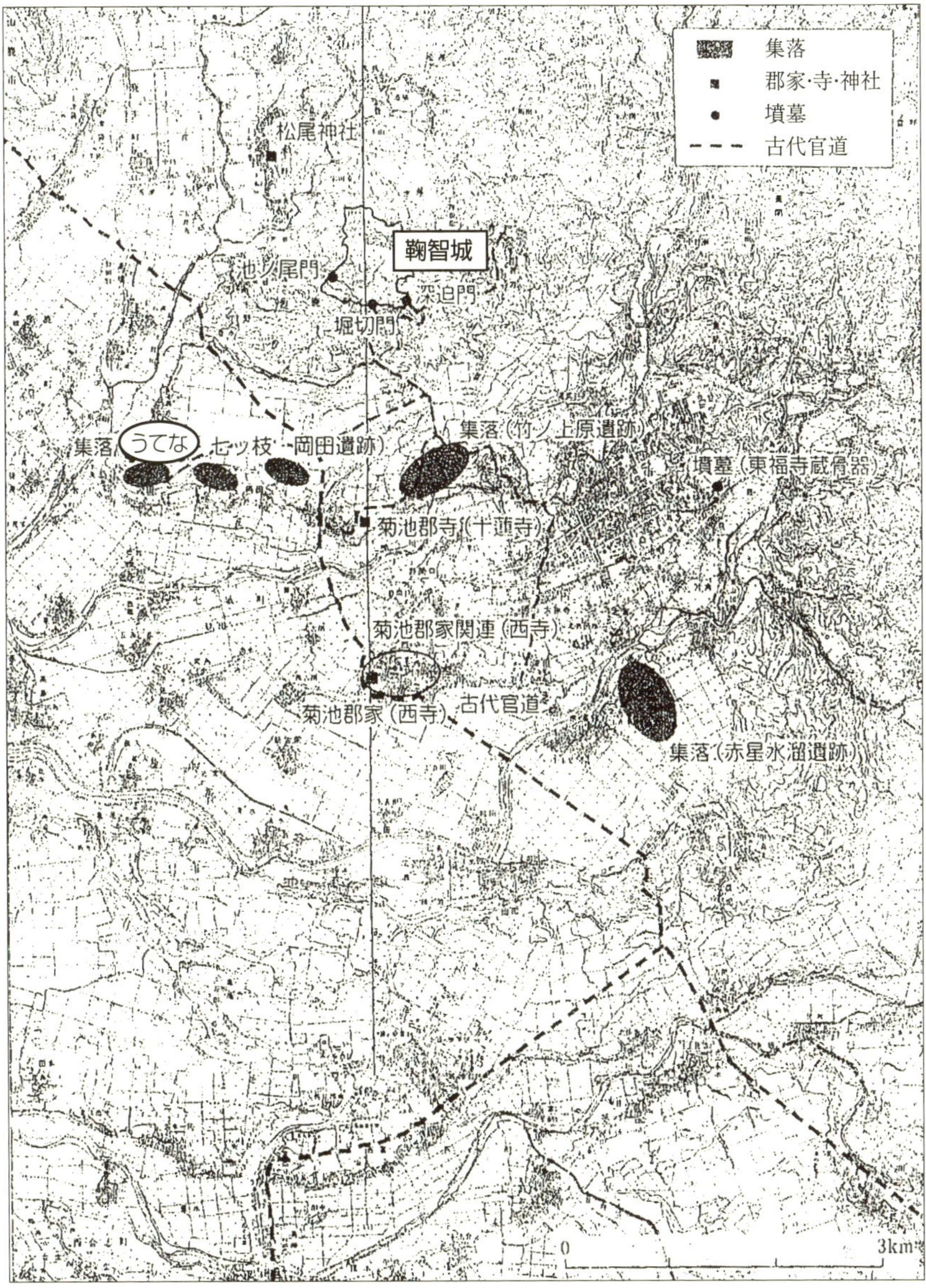

鞠智城周辺の古代遺跡

（「古代山城・鞠智城を考える」〈2010 年〉パネルディスカッションでの岡田茂弘氏作成図。但し、古代官道のルートについては鶴嶋俊彦「肥後国北部の古代官道」『古代交通研究』 7 号、1997 年による）

鞠智城とうてな台地

以上の事実関係を総合すると、肥後では律令駅路の設定以前に、鞠智城を中心として、北は筑後・筑前国、東は豊後・日向国、南は大隅国の各方向へむかう「車路」が放射状に発せられ、それも後には律令駅路に吸収されるか、独自の国家中心的な交通機能を喪失したと想定できるようである。しかし、従来の諸研究は、これら郡家所在地などを貫通する「伝路」や「車路」を、古代律令官道の範疇内で把握し、木下氏らの「評家」すなわち古代初期までよりもさらに溯りうる想定など、殆ど皆無だったといっても過言ではない。もっとも、それは諸研究の古代律令官道の前身の存在に対する禁欲的かつ固執姿勢によるものとの評価もできようが、筆者のような鞠智城と城下の広大な「うてな」台地を邪馬台国の王都とみる発想などはなかったからである。

鞠智城の位置と大規模性、「うてな」台地の一部発掘にもかかわらず驚嘆すべき弥生時代後期の方形周溝墓、多数の環濠・青銅器・鉄器類、内行花文鏡・中国北宋時代の貨幣、等々は枚挙にいとまがない。これを台地全体におよぼせば、吉野ヶ里遺跡の範疇とは桁違いの大スケールの所謂「官衙施設」となる。しかも、「邪馬台国」の名称にふさわしく、当時の中国人が倭に対して使うのは珍しい言葉、「台（うてな）」地上に立地する。「台」には、高殿・つかさ・中央官省・朝廷などの語意がある。

菊池平野のうち、近くの山鹿市域内には、菊池川と千田川が合流する場所に、著名な縄文・弥生遺跡でもある方保田《かとうだ》東《ひがしばる》遺跡（内行花文鏡以下の厖大な出土）があるが、大津町・合志市の諸遺跡群とならんで、菊池城下の穀倉地帯の各中枢を形成してきた。時代がくだった中世後期、懐良親王らを擁した九州南朝の中心勢力は菊池氏であるが、その母胎はかつての鞠智城に近い菊ノ池城、隈府城と菊池十八外城など地利的条件が軍事・政治的伝統性を育んできた。

肥後北部〜筑後地域を邪馬台国に比定する見解が、古来なかったわけではない。かつて、幕末〜明治期の国学者近藤芳樹は菊池郡山門郷説を唱え、その後、太田亮氏もこれを継いだが、白鳥庫吉・藤井甚太郎氏は肥後国内説にとどめた。第二次世界大戦後、井上光貞氏は肥後菊池郡山門郷・筑後山門郡の名を邪馬台国の名の残存と推測、拙見の先蹤《せんしょう》をなすが、黛弘道氏もまた、筑後女山の産女谷神籠石の列石のあいだに幅広の銅矛二本が発見されたことから、すでに、二、三世ごろ鞠智城も山城的防禦施設とし、対・狗奴国の前進基地とみた。筆者は、鞠智城と「うてな」台地一帯を邪馬台国の首都と推測、その筑後地域への変移の可能性

うてな遺跡

台地左側の突端に中世の城、後方奥地に鞠智城が連なる（『熊本県文化財調査報告書 121 集・うてな遺跡』1992 年による）

にふれている。

鞠智城は、近年には古代朝鮮式山城であるとされ、対唐・新羅軍の大宰府攻略に対する防衛を任務とする兵站基地とか、隼人対策の拠点説、大宰府の出先機関説が通説化していたが、これには『続日本紀』文武天皇二（六九八）年に、大宰府をして大野・基肆・鞠智の三城を「繕治」させるとの記事があるだけで、前二城のような築城記事がないことから疑問視もされてきた。最近でも、鞠智城内の中心部分、米原長者原などは破壊されており、全体として「調査範囲が広大な史跡の一部に止まって」いる状況なので、鞠智城自身の構造や遺構の時期的変遷の検討はこれからの調査・研究による、との見解もある[18]。

この疑問点は拙著でもふれたので省略する。さらに『魏志』倭人伝に邪馬台国の女王卑弥呼と対立する、隣接の「狗奴国」の男王が卑弥弓呼で、その官が狗古智卑狗であることから後者は人名（菊池彦）、したがって鞠智城以下の菊池平野一帯を狗奴国とする見解が一般的であった。しかし筆者は狗奴国を代表する免田式土器の菊池平野からの出土例の希薄さは、狗奴国の領域下というよりも文化交流の一側面と考えてきた。

なお、肥後北部〜筑後の絹出土の状況から、布目順郎氏の「絹を出した遺跡の分布から邪馬台国の所在を探る」方法（同『絹の東伝』）に依拠して、その邪馬台国説を却け、北部九州に措定しようとする説もある。邪馬台国の女王卑弥呼・壱与が魏帝に倭錦以下の絹製品を献上したことによるが、邪馬台国では「大倭」が諸国の市を監察している以上、その国々の絹製品を選び献上すればよく、絹出土の遺跡分布などは決め手にはまったくならないのである。

こうした段階で鞠智城が邪馬台国の王都の一環とする考え方は、さらなる鞠智城、「うてな」台地の発掘調査の拡大や深化、さらに先入観を排した解釈によって、その歴史的意義も措定できようし、特に「車路」の発見によって、従来薄明の彼方にあった邪馬台国と投馬国との陸路による接触、政治交流も明らかになるものと思われる。

結びにかえて

わが国の古代国家は、全国統一の過程で隋・唐の律令制を導入しながら、交通面でも大規模かつ直線的官道を設定することにより、飛躍的な発展をみた。それでは、これに先行する原始国家の場合はどうかというに、縄文時代特有のケモノ道を踏み分けた漸次的、徐々の進歩だと信じられてきた。しかし、その原始国家の成立以前から、日本列島の西部、九州地方の人びとは積極的に海外、それも朝鮮半島・中国大陸などに出かけ、小国家の首長たちは中国皇帝から国王たるを認知する金印などを賜与され、朝貢形式の交易形態を定着させている。そのなかには、単なる政治交渉のみならず、高度な大陸文明を摂取・吸収し、天文・暦数・医術・測量術や土木技術を学び、各小国家にもこれが伝播したようである。特に、中国の秦・漢律令制の下、万里の長城をはじめ、皇帝専用の直道・馳道や望楼・烽火台などを見聞した倭人、あるいは渡来人の徐福以下の人びとが中国文明の導入に果たした役割など、想像以上のものがあると思われる。なお、前述した道幅六、七メートルの直線道路、軍用の輜重車用ともいわれる車路などは、王都を中心に各方面に敷設された政治・軍事性をもつ集権・分権的な官道といえよう。

こうした邪馬台国の王都と、その統属下にある諸

「旁国（傍国）」とを結ぶ官道は、国家的な変転、特にこの東遷とともに大変貌をとげ、大和政権に引きつづく古代律令国家の下、都城中心の五畿七道など大規模官道化がいっそう推進された。そして、かつての邪馬台国のそれは、七道の一つ山陽道の延長上の西海道諸国、その政治中枢である大宰府中心の律令官道（駅路・伝路）に改編され、漸く命脈を保つことになるのである。

註

（1）（3）丸山雍成『邪馬台国　魏使が歩いた道』吉川弘文館、二〇〇九年
（2）右同「日本前近代の交通史研究の素描と展望」（『交通史研究』八四号、二〇一四年）
（4）木下良『事典・日本古代の道と駅』吉川弘文館、二〇〇九年
（5）角浩行「三雲・井原遺跡」（『伊都国の研究』学生社、二〇一一年）
（6）前原町文化財調査報告書16集『志登遺跡群・B地点』前原町教育委員会、一九八四年
（7）久住猛雄「福岡平野　比恵・那珂遺跡群」（『弥生時代の考古学8・集落からよむ弥生社会』同成社、二〇〇八年）
（8）右同「弥生時代終末期『道路』の検出」（『九州考古学』七四号別刷、一九九九年）。福岡市埋蔵文化財調査報告書八八七集『那珂41』福岡市教育委員会、二〇〇六年。同一〇八二集『那珂56』（二〇一〇年、同）、他
（9）小山修三『縄文時代』（中公新書、一九八四年）
（10）丸山雍成「大津山関城と鷹ノ原城」（『海路』五号、二〇〇七年）
（11）木下良「西海道の古代官道について」（『大宰府古文化論叢』上、吉川弘文館、一九八三年）
（12）鶴嶋俊彦「古代肥後国の交通路についての考察」（『駒澤大学大学院地理学研究』九号、一九七九年）、同「肥後北部の古代官道」（『古代交通研究』七号、古代交通研究会、一九九七年）他
（13）平野流香『熊本市史　復刻版』（青潮社、一九七三年）
（14）木下良「肥後国」（『古代日本の交通路Ⅳ』大明堂、一九七八年）
（15）木本雅康「鞠智城西南部の古代官道について」（『鞠智城跡Ⅱ』論考編1、熊本県教育委員会、二〇一四年）
（16）木下良『日本古代道路の復元的研究』吉川弘文館、二〇一三年
（17）岡田茂弘「古代山城としての鞠智城」（『古代山城　鞠智城を考える』山川出版社、二〇一〇年）
（18）佐藤信「古代史からみた鞠智城」（同右）

丸山雍成（まるやま・やすなり）……一九三三年生。九州大学名誉教授。日本近世史。著書『近世宿駅の基礎的研究』第一・第二（一九七五年）、『日本近世交通史の研究』（一八八九年）、『封建制下の社会と交通』（二〇〇一年）、『参勤交代』（二〇〇七年）、『邪馬台国　魏使が歩いた道』（二〇〇九年、以上吉川弘文館）ほか。編著に『日本の近世6』（中央公論社）など十数冊。

官道にみる夷守駅と糟屋郡家

西垣　彰博
Nishigaki Akihiro

はじめに

古代の博多湾沿岸において、その東部に位置する多々良川河口付近は、須恵川と宇美川が合流して大きな入江状の内海を形成していた。その内海は、南北に細長くのびる箱崎の砂丘によって博多湾と仕切られ、外洋の荒波から守られる良好な港の条件を備えていた。そのことを示すように、貿易陶磁器などを多量に出土する港湾的性格の強い多々良込田《たたらこめだ》遺跡が河口に立地している。また、この内海に近接する場所を、大宰府と都を結ぶ官道が通過しており、（1）万葉和歌が詠まれた夷《ひな》守《もり》駅もこの沿道に推定されている。「草枕　旅行く君を愛《うるは》しみ　たぐひてぞ来《こ》し　志賀《しか》の浜辺を」の歌から思い浮かぶ海岸沿いの情景にふさわしい環境だったといえるだろう。

近年、この官道沿いで行われた発掘調査により大きな発見が相次いでいて、夷守駅の可能性が考えられる内橋坪見《うちはしつぼみ》遺跡と、糟屋郡家《かすやぐうけ》とみられる阿恵《あえ》遺跡が注目を集めている。内橋坪見遺跡は官道に面した遺跡で、大量の瓦とともに、大宰府関連施設で採用される大宰府式鬼瓦も出土している。また、溝と柵で囲われた範囲に地域最大級規模となる建物跡も見つかっているほか、遺跡の周囲には雑務に従事して経営を支えていた雑舎群や、貴賓専用の優美な土師器が出土した大型の横板組井戸などもあり、駅家《うまや》としての条件を備えた遺跡といえよう。

阿恵遺跡は糟屋郡家の政庁と正倉群の全体像が判明

しつつある遺跡で、七世紀後半に遡る可能性もあることから評家としての位置付けも考えられる。古代の地方行政単位が「評《こおり》」から「郡《こおり》」へ変わる時代に、つまり律令制度の整備を進めて日本が国家として成立しようとしていた時代に、どのように地方を支配していたかを考えるうえで重要な遺跡である。さらに道との関連でも新たな発見があった。発掘調査により、官道と直交する条里余剰帯が明らかになったのである。条里余剰帯とは、古代の土地区画である条里地割の坪が一町（一〇九メートル）より広くなっていて帯状の余剰分が存在することをいい、この余剰部分が本来の道路敷きを示している。条里余剰帯の発見により官道へ接続する伝路の存在が想定でき、官道と伝路の交差点に糟屋郡家が位置していることが分かってきた。

このような新しい発見を概観しながら、古代の多々良川河口付近は、港と官道が交錯する海上・河川・陸上交通の結節点であり、博多湾沿岸地域のなかでも重要な一角を形成していたということをみていきたいと思う。

内橋坪見遺跡の内容

内橋坪見遺跡(2)は、福岡県糟屋郡粕屋町に所在し、博多湾から程近い標高八メートル前後の低丘陵上に立地している。現在の小字名「辻寺《つんじ》」は江戸時代に「築地《ついじ》」と表記されていた呼び名が訛ったもので、古くに築地が存在したことが考えられる場所である。

平成二十四（二〇一二）年より発掘調査が行われ、八世紀代に建築された掘立柱建物二棟、建物を囲う柵、敷地を区画する溝と土塁などが明らかになった。建物はいずれも東西棟で方位は条里地割に沿い、地域最大級規模の建物面積を誇っている。その大きさは約七八平方メートルと、一二六平方メートルのものがある。狭い調査区内で確認された建物二棟のみであるが、廃棄されて原位置を保っていない礎石三基と多量の瓦が出土していることから、瓦葺きの礎石建物が調査区外に存在したのではないかと思われる。

遺跡を区画する溝は幅一・四メートル、深さ〇・六メートルで、条里に沿って東西に伸びている。この溝を西側へ延長していくと、直角に折れ曲がった現在の用水路付近に達する。この用水路の内外では二メートル程の高低差があり、用水路の位置が元の古い地形を反映しているとみられ、条里に沿って直角に折れ曲がる地形のなごりが表れているのだろう。この部分は敷地の北西角にあたると考えられ、推定官道までの距離、つまり敷地の東西幅はおよそ一町という推測が可能となる。区画溝の内側にある柵は、建物の周囲に南北五十メートル以上に渡って設置されており、施設内の中枢部分を囲うものである。

また調査区の東側に位置する土塁は、条里に沿う区画溝が埋没した後に条里とは異なる正方位に設置されたもので、八世紀後半の瓦を伴うことから瓦葺礎石建物と同時期に存在した最も新しい遺構と考えられる。以上のことから遺跡の変遷を考えてみると、〔八世紀前半〕条里方位の掘立柱建物⇩〔八世紀中頃～後半〕正方位の瓦葺礎石建物⇩〔八世紀後半～末〕瓦葺礎石建物廃絶、という変化が推定できる。

出土瓦は平瓦・丸瓦・軒平瓦・軒丸瓦・熨斗《のし》瓦・面《めん》戸《ど》瓦・大宰府式鬼瓦があり、総瓦葺きの礎石建物が存在したことが分かる。そのなかでも特筆すべきは大宰府式鬼瓦で、これは大宰府政庁で成立して大宰府管内

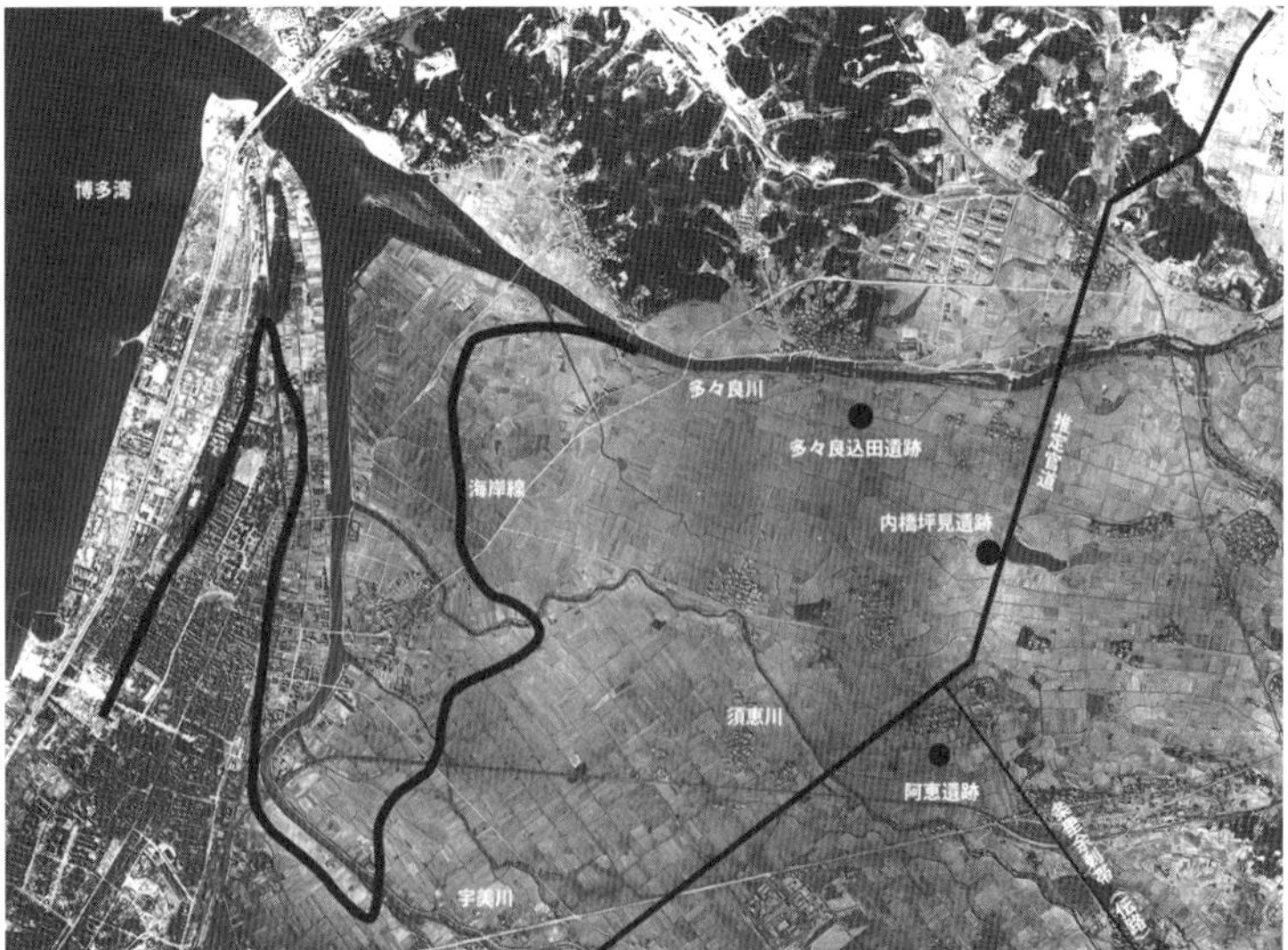

古代の多々良川河口付近
（粕屋町教育委員会所蔵、昭和22〈1947〉年アメリカ軍撮影の航空写真に加筆）

内橋坪見遺跡周辺図

の国府や寺院など大宰府の影響が強い施設に限定的に広まっていくものである。通常の遺跡ではまず出土し得ない遺物であり、内橋坪見遺跡から出土した意義は極めて重要である。そのような特異な瓦が使われた建物の構造についてであるが、隅切軒平瓦の出土により、屋根は入母屋造か寄棟造と判断できる。また、建築部材に塗られていた赤色顔料が隅切軒平瓦に付着していることから、柱が赤く塗られた建物だったことが分かっている。さらに白壁の一部の可能性がある白色土も出土している。つまり、総瓦葺きの四面屋根で棟に大宰府式鬼瓦が設けられ、赤塗りの柱と白壁をもつ非常に格式の高い建物が存在したことが考えられるのである。この特徴は、『日本後記』・『藤氏家伝』にみられる瓦葺・赤塗・白壁という駅家の記述に符合している。このほかの出土遺物に円面硯、「門」墨書土器、大型の須恵器坏などもあるが、寺院関連のものは出土していないことから官的色彩が強い遺跡といえよう。また、軒瓦の文様も特徴的で、内橋坪見遺跡と同型式のものは多々良込田遺跡、海の中道遺跡、筑前国分寺・国分尼寺でしか出土していない極めて特殊な瓦が使われている[3]。しかも内橋坪見遺跡の瓦は多々良込田遺跡・海の中道遺跡の瓦と同笵《どうはん》の可能性が高く[4]、これらの同笵瓦出土遺跡を検討することで内橋坪見遺跡の性格も明らかになってくると考える。

内橋坪見遺跡の同笵瓦

内橋坪見遺跡から七〇〇メートルの至近距離に多々

良込田遺跡がある。多々良川河口に広がる博多湾の内海に位置する港湾的性格の強い遺跡で、多量の輸入陶磁器とともに大宰府式鬼瓦も出土していることから、大宰府が管理した港の一つと考えたい。また、官道に近い立地条件は、駅使が舟に乗り換えて都へ向かう際に、海上交通の拠点として利用されていた可能性も想定できるだろう。その多々良込田遺跡から博多湾へ出ると、志賀島とのあいだに伸びる砂丘上に海の中道遺跡がある。多量の漁労具とともに巡方《じゅんぽう》の石帯（役人が着用したベルトの装飾具）や輸入陶磁器が出土した官衙関連遺跡であり、大宰府で饗讌《きょうえん》が催されるときの食材を調達・加工する主厨司《しゅちゅうし》管轄の津厨《つのみくりや》に比定されている。(5)

このように内橋坪見遺跡の同笵瓦出土地は大宰府関連施設に限られているが、さらにこれらの諸施設は、大宰府で出土した贄《にえ》（供物・献上物）の木簡から読み取れる物資流通網とも関連しているのである。

贄の木簡と駅

贄に関連する大宰府政庁出土木簡に「十月廿日竺志前贄驛□□留」がある。年代は「竺志前」の国名表記により七世紀末から八世紀初頭に限定されるものである。贄の貢進元は津厨（海の中道遺跡）とみられ、海産物を贄として駅馬で大宰府に進上してその付札が廃棄されたものと考えられている。(6)また、贄の一部が駅に留め置かれたことについて、保存のきかない生鮮海産物であることから駅で消費されたと考えられ、津厨から最寄りの夷守駅で餞別の宴が催されていることに注目して、官人の選任・朝集使の餞別など駅使の饗讌に使用された可能性が指摘されている。(7)

贄が留め置かれた駅を特定する根拠はないが、駅使の餞別の場として万葉歌に登場する夷守駅を有力な候補地として考えておきたい。この付近は立花丘陵部を背後に控えていて、大宰府から見た境界になる場所であり饗讌の場に相応しい。贄の運搬経路は、津厨から海上輸送して官道近くに位置する大宰府管理下の港（多々良込田遺跡）で荷揚げし、港近郊の夷守駅を経て主厨司へ向かう経路が想定できる。夷守駅を内橋坪見遺跡と想定すると、同笵瓦の分布が贄の木簡関連遺跡に対応していることが分かるだろう。

大宰府式鬼瓦と駅路

内橋坪見遺跡の性格を考えるうえで重要な遺物に大宰府式鬼瓦がある。前述のように大宰府と密接な関係を示す遺物であり、古代の有力寺院にも採用されている。古代の寺院跡とされる遺跡のうち、伽藍《がらん》が判明していないものは塔の心礎や文字資料を根拠とし、なかには瓦の出土だけで寺院跡とされている遺跡も少なからず存在する。内橋坪見遺跡も散布していた表採瓦を根拠に、調査以前は「内橋坪見廃寺」として包蔵地登録されていた。

このように必ずしも寺院跡と断定できない遺跡であっても大宰府式鬼瓦が出土することがあり、その出土地が内橋坪見遺跡と同じように駅路と重なる場合がある。大宰府式鬼瓦の出土地（次頁表）をみると、国分寺をはじめとする各地の有力寺院に多いことがわかる。官衙関連遺跡では、大宰府、鴻臚館、国府などから出土していて、少なくとも国以上の格式をもち大宰府と密接な関係のある施設に限られているとみてよい。このような状況をみると、多々良込田遺跡の特異性が際立っていることが分かる。先述したように、大宰府の管理が及んだ博多津の重要港湾という評価を補強するものと考える。

そして最も特徴的なのは、大宰府式鬼瓦が出土していながらも、伽藍・塔心礎・寺院関連文字資料など寺院としての積極的な考古学的証拠がないために瓦の出土だけを根拠に廃寺とされてきた遺跡が存在し、それらはことごとく大宰府路に隣接しており、しかも歴史地理学的見地から駅家比定地にされている遺跡と合致する結果になっている。

西海道に数ある駅家のうち、大宰府路の駅家比定地に限って大宰府式鬼瓦が出土することには理由がある。官道は大路・中路・小路にランク分けされ、そのうち大路は都と大宰府を結ぶ山陽道と大宰府路だけであって、西海道は小路にあたる。大路は駅使のみならず外国使節も往来する重要な官道であり、その路線の駅家は瓦葺・赤塗・白壁の格式高い建物とされていた。そのため大路沿いの駅家は瓦葺の建物が存在したと考えられており、駅家を比定する際に瓦の出土地であることが根拠の一つにもなっている。大宰府式鬼瓦が出土する大前提として瓦葺の屋根をもたなければならない

遺跡名	所在地	駅路	推定駅家	寺院	官衙関連	備考
北浦廃寺	筑前国（北九州市）	大宰府路	夜久駅			
浜口廃寺	筑前国（芦屋町）	大宰府路	嶋門駅			
武丸大上げ遺跡	筑前国（宗像市）	大宰府路	廃止駅			
神興廃寺	筑前国（福津市）			○		
内橋坪見遺跡	筑前国（粕屋町）	大宰府路	夷守駅			
多々良込田遺跡	筑前国（福岡市）				○	港か
高畑遺跡	筑前国（福岡市）	大宰府路	久爾駅			
鴻臚館	筑前国（福岡市）				○	
三宅廃寺	筑前国（福岡市）			○		
怡土城	筑前国（福岡市）				○	
大宰府史跡	筑前国（太宰府市）				○	
水城跡	筑前国（太宰府市）				○	
筑前国分寺	筑前国（太宰府市）			○		
筑前国分寺尼寺	筑前国（太宰府市）			○		
観世音寺	筑前国（太宰府市）			○		
般若寺	筑前国（太宰府市）			○		
杉塚廃寺	筑前国（筑紫野市）			○		
長安寺廃寺	筑前国（朝倉市）			○		
瓦谷瓦窯	筑後国（広川町）					窯
豊前国府	豊前国（みやこ町）				○	
豊前国分寺	豊前国（みやこ町）			○		
菩提廃寺	豊前国（みやこ町）			○		
船迫窯跡	豊前国（築上町）					窯
虚空蔵寺	豊前国（宇佐市）			○		
弥勒寺	豊前国（宇佐市）			○		
法鏡寺	豊前国（宇佐市）			○		
金剛宝戒寺	豊後国（大分市）			○		
肥前国分寺	肥前国（佐賀市）	西海道		○		
寺浦廃寺	肥前国（小城市）			○		
立願寺廃寺	肥前国（玉名市）			○		
稲佐廃寺	肥前国（玉名市）			○		
中村廃寺	肥前国（山鹿市）			○		
十蓮寺跡	肥前国（菊池市）			○		
渡鹿廃寺	肥前国（熊本市）	西海道		○		
池辺寺跡	肥前国（熊本市）			○		

大宰府式鬼瓦出土遺跡

が、大宰府管内でその条件を備えているのが大宰府路沿いの駅家なのである。ただし、駅家の根拠の一つとされたのはあくまで瓦の出土の有無だけであって、大宰府式鬼瓦の有無に言及した例は存在しない。つまり大宰府式鬼瓦の出土をもって駅家に比定された遺跡は過去に一例もないにもかかわらず、大宰府路沿いで瓦が出土する駅家比定地からは大宰府式鬼瓦が出土するという極めて強い相関関係が明らかになった。これは、筑前国嶋門駅の修理担当を肥後国から筑前国に改めた貞観十八（八七六）年太政官符の記述にもあるように、西海道の駅路には大宰府の強い関与が及んでいたと考えられることから、大宰府路沿いの駅家建物が瓦葺に整備される際に、大宰府主導のもとで大宰府式鬼瓦が導入された結果と推測している。

糟屋郡家と伝路

平成二十五（二〇一三）年から発掘調査が行われている阿恵遺跡[8]において、古代の糟屋郡の役所跡である糟屋郡家が発見された。役所の中心施設である政庁と正倉群が明らかになり、さらに郡家に隣接する地点から伝路の存在を示唆する条里余剰帯も発見された。郡家と道の関連を探るまえに、まずは糟屋郡家の状況を紹介しておきたい。

郡家の中心的施設となる政庁は、長さ四二メートルに及ぶ細長い建物を方形に配置した建物群で構成されている。現在のところ西側の建物は不明なため、それ以外の三方をコの字状に囲っていて、その南北長は約半町（五五メートル）に設計されている。中心建物となる正殿《せいでん》と入口の南門は未発見であるが、建物の一部で建替えが確認されていて、少なくとも二時期の造営が判明している。政庁が機能していた時期は出土遺物により七世紀後半から八世紀前半を想定しているが、七世紀代に遡ることが確実になると、それは阿恵遺跡の政庁が糟屋評家の段階を含むことを意味しており、まだ実態がよく分かっていない評家の様相や、評家から郡家へ移り変わる過程を明らかにするうえで重要な遺跡といえる。さらに糟屋評家は国宝京都妙心寺梵鐘の金石文との関係がある。

六九八年に鋳造された妙心寺梵鐘には、その製作者として「糟屋《かすやの》評《こおりの》造《みやつこ》春米《つきしねの》連《むらじ》広國《ひろくに》」の銘がある。評造とは評の長官の意味で、これにより春米連広国という人物がその任に就いていたことが分かる。糟屋評家は長官の人物名が判明している数少ない評家の一つとして知られている。つまり阿恵遺跡が糟屋評家と判明すれば、春米連広国という人物が政務を行っていた遺跡ということになり、長官名が判明している評家が遺跡として認定される全国初の事例となるのである。

また、阿恵遺跡では政庁に加えて正倉《しょうそう》群も判明している。正倉は当時の税の一つである租として郡内から集められた米を管理・保管する倉庫であり、政庁とともに古代の役所を構成する重要施設である。阿恵遺跡では政庁から百メートル以上離れた地点に十四棟の正倉が発見された。正倉の配置されている方位は政庁の建物と同じ方位の一群と、東西南北を向く正方位の一群がある。方位の違いは建築時期の差を示していて、政庁と同じ方位の一群は政庁と同時期に存在した可能性が考えられ、七世紀後半から八世紀前半にかけての造営を想定している。正方位の一群はこれより新しく、八世紀中ごろから後半の時期とみられる。つまり正方位の正倉が造営されたときは既に郡家は別所へ移転しており、正方位の正倉群のみが正倉別院というかたちで残ったものか、遺跡内の未調査箇所に新しい時期の政庁が存在すると考えることができる。

このように阿恵遺跡は政庁と正倉群がまとまって発見されていて役所跡の全容が確認できる遺跡であり、なおかつ律令国家形成期における評から郡への変遷過程を示すということのみならず、文字資料と考古学的調査の対応を示す可能性がある貴重な遺跡である。

そしてさらに驚きなことに、官道と伝路の交差点に郡家が位置していることが判明した。官道の推定線が郡家の側を通っていることは以前から想定されていた。そこに新たに伝路が接続してくることが明らかになったのだ。

正倉群東側の地点で、周囲の地形を無視して一直線に二百メートル以上続く溝が確認された。この溝からは郡家と同じ七世紀後半から八世紀前半の遺物が出土している。溝は条里地割に沿って二本並行していることが分かり、溝の心幅は約二一メートルの距離がある。この溝の平面図と明治期の和紙図を重ね合わせたところ、人工的な帯状の盛土範囲が浮かび上がってきた。和紙図には当時の地目が記載されていて、畑地は周囲より小高い丘陵を示し、田地は逆に低い土地を示すことから、旧地形の復元が可能となる。これにより、丘

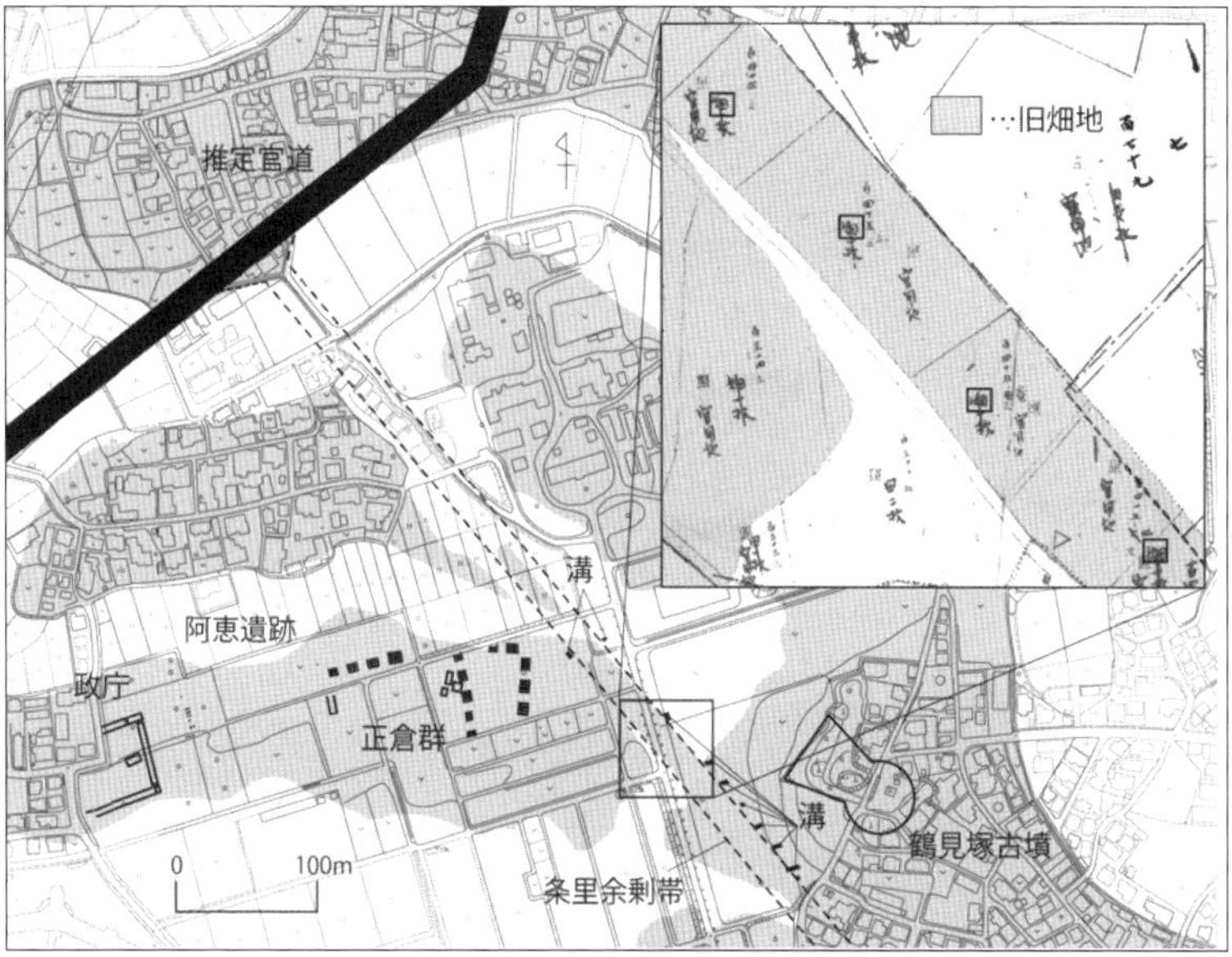

伝路想定図

陵と丘陵の間の低い土地に橋をかけるような帯状の細長い畑地の存在が分かった。そしてこの帯状の畑地の両脇に直線の溝が重なるのである。

つまりこれらは幅二一メートル程の条里余剰帯であり、その両脇の側溝が調査で確認された直線の溝ということになる。条里余剰帯は官道に直交しており、その接続箇所は現在においても緩やかなスロープ状の地形として確認することができる。おそらく条里余剰帯の内側にさらに幅の狭い伝路が通っていると考えられるが、条里余剰帯が条里地割の基準になっていることから、伝路をもとにして周囲の条里地割が整備されたことが分かるのである。

伝路とは郡家と郡家を結ぶ道として利用されたもので、旧来の道をある程度踏襲していることが考えられる。では阿恵遺跡でみつかった伝路は糟屋郡家とどこを結ぶ道であろうか。伝路は糟屋郡家から南東に伸びていて、これを延長していくと宇美八幡宮に到達する。[9]宇美八幡宮は神宮皇后伝説にも登場するほどのいわれの古い神社である。

ここで注目したいのが『筑前国風土記』逸文の記述「糟屋郡。瀰夫能泉《みぶのいずみ》。在郡東南[10]」である。「瀰夫能泉」

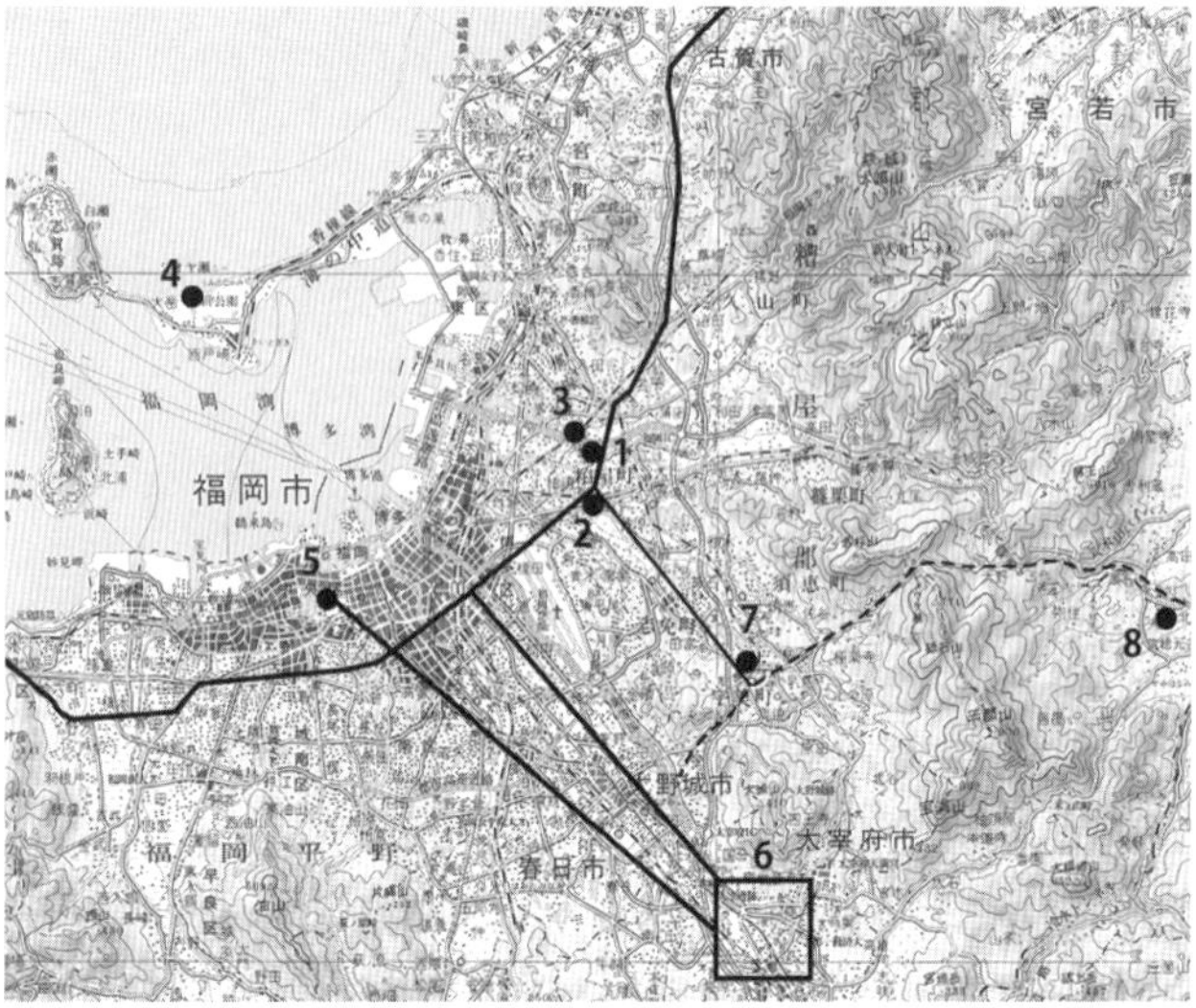

1. 内橋坪見遺跡　2. 阿恵遺跡　3. 多々良込田遺跡　4. 海の中道遺跡
5. 鴻臚館　6. 大宰府　7. 宇美八幡宮　8. 大分廃寺

関連地図

は宇美八幡宮のことで、糟屋郡家の東南に宇美八幡宮が位置しているという意味である。まさしく東南の方向に伝路で通じていることと一致する。糟屋郡家・宇美八幡宮・伝路の位置関係は周到に計画されたものであり、両地点間の条里地割も伝路が基準になっていることが分かる。

　宇美八幡宮から先は伝路の方向がはっきりしていない。宇美八幡宮で西に直角に折れ曲がると四王寺丘陵があり、ここを越える現在の道が大野城市乙金地区に続いている。伝路の行き先としてこの経路を一つの可能性として考えておきたい。乙金地区を抜けると水城の東門に至り大宰府へ入ることができる。糟屋郡家から延びる伝路は、官道とは別ルートで大宰府に至る道として位置づけられよう。

　そしてもう一つ重要なルートがある。糟屋郡家から延びる伝路を宇美八幡宮で東へ直角に曲がると、つまり大宰府方面とは反対側に曲がると、ショウケ峠へと真っ直ぐにつながっているのである。ショウケ峠を越えた先は穂波郡であり、そのルート上には八世紀初頭の建立といわれる大分廃寺がある。穂波郡家の所在は明らかではないが、この伝路の先につながっていることが想定できるだろう。また、伝路が旧来の道を踏襲していることを考えた場合、評家・郡家の前代に拠点となるような施設は何があったであろうか。飛躍を承知でいうと、それは屯倉であり、糟屋屯倉と穂波屯倉・鎌屯倉を結ぶ道の存在が浮かび上がってくるのである。

伝路がそのまま使われていたわけではなく、それぞれの屯倉の所在地も不明であるが、経路が判明していない屯倉の道に対してもある程度の可能性を提示することができるのではないだろうか。

おわりに

今後の調査成果によって修正されていくべきこともあろうが、現時点において内橋坪見遺跡は夷守駅の可能性が高い遺跡であり、阿恵遺跡は糟屋郡家であり、評家に遡り得る遺跡と考えている。最後にその内容をまとめておきたい。

二つの遺跡が立地する福岡平野の東部は、博多湾の内海として良港の条件を備える多々良川河口の入り江があり、付近を大路である大宰府路が通過して海上・河川・陸上交通の結節点となる地域である。さらに立花丘陵部を背後にした地勢は大宰府から見た境界となる場所であり、そこに位置する夷守駅は『万葉集』で餞別の饗讌が行われる特別な駅家と考えられる。

また、大宰府出土の贄の木簡から読み取れる津厨・港・夷守駅・主厨司の所在地に対応する遺跡から、同笵もしくはその可能性が高い瓦が出土していることを考慮すると、生鮮海産物をはじめとする大宰府の物資流通網において、八世紀後半に建物の瓦葺化が行われた整備事業の一端を示すものではないだろうか。

地域最大級規模の掘立柱建物とその後に出現する赤塗・白壁の総瓦葺礎石建物に加え、遺跡の周辺には貴賓専用食器とみられる優品の土師器が出土した精巧で大型の横板組井戸や、駅家の経営を支えていた駅戸集団の存在がうかがわれる小規模な雑舎群も展開している。このように夷守駅である状況証拠は揃いつつあるが、駅家の中心施設が位置する柵の内部の構造が明らかではなく、遺構としての官道や駅家関連文字資料の発見が待たれるところである。

阿恵遺跡は、コの字状に建物が配置される糟屋郡家の政庁と十四棟に及ぶ正倉群が確認され、地方の役所跡の全容が判明する重要な遺跡の発見といえる。また、「評」の時代にまで遡ることが明らかになると、舂米連広國が所在した評家跡ということになり、文字資料による評造名と評家の遺跡が一致する全国初の事例となる。

さらに興味深いのは、条里余剰帯の発見により伝路の存在が明らかになったことである。官道と伝路の交差点に糟屋郡家が位置し、南東方向に延長していくと宇美八幡宮に到達する。これは筑前国風土記逸文の記述に一致するものである。またこの地域の条里地割は伝路を基準として整備され、その施工時期についても指標を示すことができるだろう。

宇美八幡宮より先の伝路は二方向に分かれることを想定した。一つは水城東門へ向かう大宰府に続く道。もう一つはショウケ峠を越えて穂波郡へ続く道であり、前代においては屯倉の道を示唆する可能性が考えられるものである。

ここで紹介した内橋坪見遺跡と阿恵遺跡は、駅家と評家・郡家にかかわる重要な遺跡である。さらにいずれも道に関連しているところが興味深く、博多湾東岸における交通網の重要性がうかがわれる。

内橋坪見遺跡と阿恵遺跡は現在も調査途中の遺跡であり、遺跡の内部構造や正確な時期などについては、まだ判明していない事柄も数多く残されている。両遺跡とも今後の調査に寄せられる期待と課題は大きい。

註

（1）この地域における官道は、日野尚志「比恵・那珂遺跡群を中心にして諸問題を考える」（『那珂38』福岡市教育委員会、二〇〇五による推定線であり、確定はしていない。

（2）粕屋町教育委員会『内橋坪見遺跡概要報告書』二〇一三年。粕屋町教育委員会『内橋坪見遺跡3次』二〇一五年

（3）九州歴史資料館『大宰府史跡出土軒瓦・叩打痕文字瓦型式一覧』二〇〇〇年

（4）西垣彰博「福岡県糟屋郡粕屋町内橋坪見遺跡について」（『国士舘考古学』第六号、二〇一四年）

（5）板楠和子「主厨司考」『大宰府古文化論叢』上巻　九州歴史資料館、一九八三年

（6）（5）に同じ

（7）松川博一「Ⅷ考察　3木簡」（『大宰府政庁跡』九州歴史資料館、二〇〇二年）

（8）粕屋町教育委員会『糟屋官衙遺跡群阿恵遺跡現地説明会資料』二〇一四年

（9）現在の宇美八幡宮の西半町付近を通過する可能性がある

（10）植垣節也校注『新編日本古典文学全集5　風土記』小学館、一九九七年

西垣彰博（にしがき・あきひろ）……一九七五年生。粕屋町教育委員会社会教育課文化財係長。

風土記の大樹

東アジア文化のフィールドへ

東 茂美
Higashi Shigemi

はじめに

『日本書紀』によると、大足彦忍代別天皇《おおたらしひこおしろわけのすめらみこと》（景行天皇）はその十二年、熊襲親征のために筑紫に兵を進め、周防国から豊後水道を右手に見つつ、豊前国・豊後国を経て日向国へいたり、高屋宮《たかやのみや》に玉駕《ぎょくが》をとどめている(1)。さらに翌景行十三年には大隅国までも平定している。そこから来た道を高屋宮へとって返したものか、十七年には日向国子湯県《こゆのあがた》に行幸、高屋宮には六年間滞在し、景行十八年には高屋宮を発して九州山地を西行、肥後国・筑後国・肥前国を巡行して纏向《まきむくの》日《ひ》代宮《しろのみや》へと還御している(2)。

こうした景行天皇の九州親征が史実かどうかを問うのがここでの問題ではない。それらがたとえ編集子らの机上の創作であっても、のちに律令の制定と拡充によって官道として整備されていく地方の幹線ぞいに、なぜ貴人にかかわる大樹が語られているのかを考えてみようというのが、小稿のねらいである。

一

『豊後国風土記』は、『紀』が記述する巡行をさらにくわしく語っている。豊後国府のあった大分《おおきだ》郡から海ぞいに海部《あま》郡の幹線道路を進み、丹生《にふ》駅からさらに大野郡三重駅を経た郡家《こおりのみやけ》の南に、「海石榴市《つばいち》」「血田《ちだ》」と呼ばれる場所があるという。引用して一読すると、こうである(3)。

海石榴市・血田。昔者《むかし》、纏向《まきむく》の日代《ひしろ》の宮に御宇《あめのしたしろ》しめしし天皇《すめらみこと》、球覃《くたみ》の行宮《かりみや》に在《いま》しき。仍《すなは》ち、鼠の石窟《いはや》の土蜘蛛《つちくも》を誅《つみな》はむと欲《おもほ》して、群臣《おみたち》に詔《みことのり》して、海石榴《つばき》の樹を伐《き》り採《と》りて、椎《つち》に作りて兵《つはもの》と為《な》し、即ち、猛《たけ》き卒《いくさ》を簡《えら》みて、兵の椎を授けて、山を穿《うが》ち、草を靡《なび》け、土蜘蛛を襲ひて、悉《ことごと》に誅ひ殺したまひき。流るる血は、踝《つぶなき》を没《い》れき。其の椎を作りし処は海石榴市といひ、亦、血を流しし処は血田といふ。

右にいう「纏向の日代の宮に御宇しめしし天皇」とは、すでに述べた景行天皇である。海石榴市が現在のどこにあたるか定かではないが、そこにはツバキの大樹がしげっていたらしい。このツバキから椎（木槌）を作り武器にして、山をおし進み草をかき分け、土蜘蛛を襲ったというのだ。

『紀』によれば、鼠の石窟には二人の土蜘蛛がいて名は青と白、祢疑野《ねぎの》には三人の土蜘蛛がいて打猴《うちさる》・八田《やた》・国摩侶《くにまろ》といい、五人そろって「皇命《おほみこと》に従はじ」と抵抗する。景行は、土蜘蛛の五人の長とその郎党を殺害し、そこで流れた血は兵士たちのくるぶしまでも沈めたというのだから、数えきれないほどの地方民が殺されたのだろう。そうなら、さぞや大量の椎が準備されていたはずで、その材料となったのが天をつくようなツバキの大樹だったのだろう。

大樹がツバキの樹である事由をいまくわしく述べる紙幅のゆとりはなく、つづめていうなら、「土蜘蛛」たちに崇拝され神がより憑《つ》き宿る神樹だったからにほかならない。その神樹にやすやすと刃《やいば》をいれるところが、景行が覇者としての強靭な力を有していることを証左となっている。それを語るのが、和銅六（七一三）年の官命によって始まる『風土記』編纂の論理だといってよい。『豊後国風土記』海石榴市のくだりからは、蒼天に枝葉をひろげるツバキを見上げる景行天皇の雄姿が彷彿としてくる。それにしても、なぜ景行天皇という貴人をツバキの大樹のもとに立てて、「海石榴市」「血田」の伝承が語られるのだろうか。

ツバキといえば、豊後水道をはさんだ四国にもツバキの大樹を見ることができる。以下は、逸文『伊予国風土記』「湯の郡」からの摘記である。

湯の郡。大穴持命《おほなもちのみこと》、見て悔い恥《は》ぢて、宿奈毘古那命《すくなひこなのみこと》を活《い》かさまく欲《おもほ》して、大分《おほきだ》の速見《はやみ》の湯を、下樋《したび》より持ち度《わた》り来て、宿奈毘古那命を漬《ひた》し浴《あむ》ししかば、蹔《しまし》が間に活起《いきかへ》りまして、居然《おだひ》しく詠《ながめごと》して、「真蹔《ましまし》、寝《い》ねつるかも」と曰《の》りたまひて、践《ふ》み健《たけ》びましし跡《あと》処《どころ》、今も湯の中の石の上にあり。凡《すべ》て、湯の貴く奇《くす》しことは、神世の時のみにはあらず、今の世に疹痾《やまひ》に染《し》める万生《ひとびと》、病を除《い》やし、身を存《たも》つ要薬《くすり》と為《な》せり。

これは、愛媛県松山市にある道後温泉の起源を語る伝承で、国作りで活躍するオオナムチとスクナヒコナが登場する。過労からか仮死状態におちいったスクナヒコナを蘇生させるために、オオナムチは豊後水道を横断する地下道を通して、大分速見郡にある温泉の湯をひいたというのである。湯を浴びたスクナヒコナは何事もなかったように生きかえる。この湯の効能は今日まで万人の病を治していると述べている。

じつは、この「神の井」である温泉のほとりにも「椿樹《つばき》は相廕《あひおほ》ひて穹窿《おほぞら》なし、実に五百《いほ》つ蓋《きぬがさ》を張れるかと想ふ」ほどの大樹がそびえているのだ。「丹の花は葉を巻《あつ》めて映照《てりは》え、玉の菓《このみ》は葩《はなびら》を弥《おほ》ひて井に垂る。其の下を経過ぎて優《ゆた》に遊ぶべし」。天空をおおい尽くすような、紅いツバキで、花も実もゆたかであり、温泉を訪れた人びとは、心ゆるやかにこのツバキの大樹のもとで遊んだのである。するとここでは、オオナムチやスクナヒコナといった貴人が樹下にいることになるだろう。

それだけではない。『伊予国風土記』では五度にわたって貴人が行幸したといい、景行天皇と皇后である八坂入姫《やさかいりひめ》、仲哀天皇と神功皇后、聖徳太子、舒明天皇と宝皇女《たからのひめみこ》（のちの皇極・斉明天皇）、斉明天皇と中大兄皇子（のちの天智天皇）と大海人皇子（のちの天武天皇）らが、ツバキの樹の下にあったことになる。[4]

二

景行天皇十八年四月、景行は葦北（肥後国葦北）から舟を利用し、八代県《あがた》豊村（肥後国豊福か）に上陸、玉杵名邑《たまきなのむら》（肥後国玉名）から阿蘇（肥後国阿蘇）をへて、筑後国御木《みけ》にいたっている。ここにも大樹伝承が記されている。まず、逸文『筑後国風土記』「三毛郡」から引用しよう。

三毛《みけ》の郡《こほり》。云々。昔者《むかし》、楝木《あふち》一株《ひともと》、郡家の南に生《お》ひたりき。其の高さは九百七十丈《つゑ》なり。朝日の影は肥前の国藤津《ふぢつ》の郡の多良《たら》の峯を蔽《おほ》ひ、暮日《ゆふひ》の影は肥後の国山鹿《やまか》の郡の荒爪《あらつめ》の山を蔽ひき。云々。因《よ》りて御《み》木《き》の国と曰《い》ひき。後の人、訛《よこなま》りて三毛と曰ひて、今は郡の名と為《な》す。

三毛郡は、現在の福岡県大牟田市あたりだろうか。ここに梅檀《せんだん》の大きな樹が生えていたというのである。センダン（おうち）はセンダン科の落葉高木であり、淡い紫色で五弁の花をつける。実は漢方生薬の苦楝子《くれんし》で、駆虫剤や鎮痛剤として用いられており、また皮膚病の薬効ももっている。

　センダンの高さは九七〇丈あるという。一丈がほぼ三メートルと推定されるところから、樹の高さは約二九一〇メートルとなるわけで、もちろん実際にこれほどの高木があったとは考えられない。朝日の影は遠く多良の峰へと延び、夕日の影は荒爪山をおおった。多良の峰は長崎県と佐賀県の県境にそびえる標高九八三メートルの多良岳。山鹿の荒爪山は、遺称となるような山が見あたらない。三毛郡に生えていたセンダンは、朝日が昇るとともに、有明海を渡り多良岳に影を落としていたわけで、いかに大きな樹だったかを語っている。

　同じ三毛郡の大樹は、『日本書紀』景行天皇十八年七月の条にも登場し、樹木の種類を異にするものの、一読してみる必要もあろう。

秋七月の辛卯《かのとのう》の朔甲午《きのえうまのひ》に、筑紫後国《つくしのみちのしりのくに》の御木《みけ》に到りて、高田行宮《かりみや》に居《ま》します。時に僵《たふ》れたる樹有り。長さ九百七十丈《つゑ》なり。百寮《ももつかさ》、其の樹を踏みて往来《かよ》ふ。時人《ときのひと》、歌《うたよみ》して曰《い》はく、

　朝霜の　御木のさ小橋《をばし》　群臣《まへつきみ》　い渡らすも　御木のさ小橋《をばし》

爰《ここ》に天皇《すめらみこと》問ひて曰《のたま》はく、「是、何の樹ぞ」とのたまふ。一《ひとり》の老夫《おきな》有りて曰《まを》さく、「是の樹は歴木《くぬぎ》なり。嘗《むかし》、未だ僵《たふ》れざる先に、朝日の暉《ひかり》に当りては、則ち杵島山《きしまやま》を隠しき。夕日の暉に当りては、亦、阿蘇山を覆《おほ》ひき」とまをす。天皇の曰はく、「是の樹は、神《くす》しき木なり。故《かれ》、是の国を御木の国と号《なづ》くべし」とのたまふ。

景行天皇は、七月四日に筑後国御木の高田の行宮に入った。高田には大樹があり、長さは九七〇丈といい、先に見た『筑後国風土記』と同じなのだが、ここではすでに倒木になっている。樹の種類もかわっていて、センダンではなく歴木《くぬぎ》であるという。『新撰字鏡《しんせんじきょう》』によると、「櫪　久奴木《くぬぎ》也」とあり、ブナ科の落葉高木で、その実はいわゆる「おかめどんぐり」である。よほどの巨樹だったのか、撤去もできず倒れたままになっていたらしい。役人たちは皆、その樹を踏みこえて高田行宮に出仕するのである。時の人の歌は、役人たちが御木の小橋を高田の行宮へとお渡りになることよ、といった意味。「小橋」がうたわれ、本文の内容とやや齟《そ》齬《ご》するのは、もともと大樹伝承とは別の歌謡が採択されたからだろう。

　クヌギの大樹は、朝日の光をうけて杵島山を隠し、夕日の光にあたると阿蘇山を隠した。

　『紀』によると、阿蘇は野原がひろがっており、人家らしいものは見あたらない。しかし、景行天皇がそこを訪れると、神二柱が人となって現れ「阿蘇都彦《あそつひこ》・阿蘇都媛」と名のる。そこで、この地方を阿蘇と号《なづ》けたというのである。阿蘇のアは接頭語で、ソは「熊襲《くまそ》」のソと同じで、ソ族が支配していたからともいわれているのだが、古くから阿蘇山が信仰の対象となり神の領《うしは》く山だったことは明らかである。

　それでは、朝日の影がかかる杵島山はどうか。別に、逸文『肥前国風土記』につぎのような一文がある。

杵島《きしま》の県《あがた》。県の南二里《さと》に一孤山《ひとつ》あり。坤《ひつじさる》のかたより艮《うしとら》のかたを指《さ》して、三つの峰相連《つら》なる。是を名づけて杵島と曰《い》ふ。坤のかたなるは比古《ひこ》神と曰ひ、中なるは比売《ひめ》神と曰ひ、艮のかたなるは御子《みこ》神〔一《また》の名は軍《いくさ》神。動けば則《すなは》ち兵興《いくさおこ》る〕と曰ふ。郷閭《むらざと》の士女《をとこをみな》、酒を提《たづさ》へ琴を抱きて、歳毎《としごと》の春と秋に、手を携《たづさ》へて登り望《みさ》け、楽飲《さけの》み歌ひ舞ひて、曲《うた》尽きて帰る。歌の詞に云はく、

　あられふる　杵島が岳を　峻《さか》しみと　草採りかねて　妹《いも》が手を執る〔是は杵島曲《きしまぶり》なり〕

広がる平野に孤山があり、西南から東北に男神と女神、そして「御子神」の三つの峰がつづく。「御子神」は別に「軍神」とも呼ばれているので、いくさの神として信仰されていたようだ。それより何より、この杵島

山で歌垣がおこなわれているのに注視すべきだろう。歌謡は、（あられふる）杵島山がけわしいので、山に登るのに草をつかみそこねて恋人の手をとるよ、といった意味。歌垣でうたわれた男の歌なのだが、『万葉集』には吉野の味稲《うましね》という人物が柘枝仙媛《つみのえやまびめ》にうたった「あられ降り吉志美《きしみ》が岳を険《さが》しみと草取りかなわ妹が手を取る」（巻三—三八五）を伝えている。漁夫の味稲が谷川をながれる柘《つみ》（山桑）の枝をひろったところ、仙女に化して味稲の妻になったという神仙伝があったようだ。また『記』仁徳天皇の条には、「梯立《はしたて》の倉橋山を峻《さが》しみと岩掻《か》きかねて吾が手取らすも」（記七〇）と、これまた小異歌がある。天皇の弟速総別王《はやぶさわけのおおきみ》がうたったという。どれが原歌《もとうた》なのかわからないものの、歌垣から起こったものだろう。歌垣は神事であってたんなる物見遊山ではない。杵島山で歌垣がおこなわれているのは、そこが神山だったゆえである。

こうして、阿蘇山と杵島山、このふたつの神山まで影をのばすクヌギの大樹が、かつて御木の地に生い茂っていたのである。ここでは、すでに倒木となってはいるが、やはり大樹のもとにいとなまれる行宮に景行が立っているのだ。景行は、七月七日には八女県《やめのあがた》へと鑾輿《らんよ》を進めている。

＊

景行天皇ではないが、その子小碓命《おうすのみこと》（倭建命《やまとたけるのみこと》）を主人公に、肥前国でも大樹伝承が語られている。『肥前国風土記』「佐嘉《さが》郡」から掲げてみよう。(5)

昔者《むかし》、樟樹一株《くすのきひともと》、此の村に生ひたりき。幹枝秀高《もとえたか》く、茎葉繁茂《くきはしげ》りて、朝日の影には、杵島の郡の蒲川山《かまかはやま》を蔽《おほ》ひ、暮日《ゆふひ》の影には、養父《やぶ》の郡の草横山《くさよこやま》を蔽へりき。日本武尊《やまとたけるのみこと》、巡《めぐ》り幸《いでま》しし時、樟の茂り栄《さか》えたるを覧《み》まして、勅《の》りたまひしく、「此の国は栄《さか》の国と謂《い》ふべし」とのりたまひき。因《よ》りて栄の郡といひき。後に改めて佐嘉《さか》の郡と号《なづ》く。

佐嘉郡は現在の佐賀市の北方。源順（九一一—九八三）がまとめた『和名抄』にも「佐嘉郡」が見え、六郷（城埼・巨勢・深溝・小津・山田・防所）とある。この地に生えていたクスがあまりにも栄えていたところから、ヤマトタケルが「栄の国」と名づけたというのである。例によって、朝日・夕日をうけた樹の影がはるか遠くの山をおおうわけだが、「蒲川山」は郡家の西方一四キロほどにある蒲原山、あるいは聖嶽《ひじりだけ》といわれ、「草横山」は東方二〇キロほどの九千部《くせんぶ》山だといわれている。御木のセンダン（クヌギ）にくらべると、ここのクスの樹はやや小ぶり。ここでも、貴人であるヤマトタケルが大樹のもとに立つのだ。

三

貴人が大樹のもとに存在するコンポジションについて、筑紫から中央に目を転じ、もう少しこだわってみよう。

（雄略）天皇長谷《はつせ》の百枝槻《ももえつき》の下に坐《ま》して、豊楽《とよのあかり》為《し》たまひし時……（三重采女《うねめ》）歌ひて曰はく
　纏向《まきむく》の　日代《ひしろ》の宮は　朝日の　日照《ひで》る宮　夕日の
　日がける宮……檜《ひ》の御門に　新嘗屋《にひなへや》に　生ひ立
　てる　百足《ももだ》る　槻が枝《え》は　上《ほ》つ枝は　天《あめ》を覆へり
　中つ枝は　東《あづま》を覆へり　下《しも》つ枝は　鄙《ひな》を覆へり
（記一〇〇）

……

雄略天皇が初瀬に生い茂る槻《つき》（ケヤキ）の下で、新嘗祭をおこなった。伊勢出自の采女は落ち葉が盃に浮かんでいるのに気づかずに献上する。天皇が采女の首に大刀をあてて殺そうとすると、采女は右のような歌をうたって命を乞うた。「百足る」は、枝葉がじゅうぶんにしげっているようすなのだが、上の枝は天をおおい、中ほどの枝は東国をおおい、さらに下の枝は鄙をおおっているという。もっとも高いところを「天」とし、もっとも遠いところを「東国」や「鄙」で表現したのだろう。新嘗屋に立ち、はるか東国までも枝をのばす巨樹をうたい、それが宮殿の宮讃めとなっている。ちなみに、この三重采女の歌をうけて、皇后がうたうのは、

　倭の　この高市《たけち》に　小高《こだか》る　市のつかさ　新嘗屋に
　生ひ立てる　葉広《はびろ》　ゆつ真椿　其《そ》が葉の　広り坐《いま》
　し　その花の　照り坐《いま》す　高光る　日の御子に　豊
　御酒　献《たてまつ》らせ　事の　語り言も　是《こ》をば
（記一〇一）

で、神樹であるツバキがうたわれ、その葉の茂りひろがるさまや紅い花のさまが、天皇の姿をほめたたえる

喩となっている。ケヤキにしてもツバキにしても、神聖な木であり、その樹下に貴人である雄略天皇が立つという構造は、これまでの例と同じである。

おそらくこうしたコンポジションの始原は、たとえば『記』日向三代神話に見られる、火遠理命《ほおりのみこと》の海宮《わたつのみや》訪問あたりにあるのかもしれない。兄火照命《ほでりのみこと》の釣針をうしなった火遠理は、海の潮をつかさどる塩椎神《しおつちのかみ》のアドバイスにしたがって、无間勝間《まなしかつま》（固く編んですき間のない）小舟に乗り海宮を訪ねるのである。シオツチは、

> ……其の神の御門《みかど》に到りましなば、傍《かたへ》の井の上にゆつ香木《かつら》有らむ。故《かれ》、其の木の上に坐《いま》さば、其の海《わた》の神の女《むすめ》見て相議《あひはか》らむぞ。

と、「ゆつ香木」に登って海の神のむすめである豊玉毘売《とよたまびめ》との出会いを待つように助言する。「ゆつ香木」の「ゆつ」は「斎《ゆ》つ」で神聖な、の意。「香木」は落葉高木の桂、『万葉集』に「もみちする時になるらし月人《つきひと》の桂の枝の色づく見れば」（巻十－二二〇二）とうたわれるように、異界である月にも生えている神樹である。(6)

このカツラは海宮の門のそばに生えているのだから、これまでにふれてきた神樹と同じように、根をはって大地（海底）をかため、枝葉をひろげて天（海中）をどこどこまでもおおうような、巨樹だったと考えてよいだろう。

カツラの木の上で待つホオリは、水を汲みにきたトヨタマビメの侍女のもつ「玉器《たまもひ》」（立派な器）に、玉を吐《は》き入れる。このできごとを契機に、やがてホオリはトヨタマビメとのあいだに鵜草葺不合命《うがやふきあえずのみこと》をもうけ、そのウガヤフキアエズは長じて叔母玉依毘売《たまよりびめ》との間に日本初代の天皇となる神倭伊波礼毘古《かむやまといわれびこ》（神武天皇）をもうけるのである。

日向三代神話は、天つ神の血をひくニニギ・ホオリ・ウガヤフキアエズらが国つ神の娘と成婚するという、朝廷にとってきわめて重要な系譜を語るくだりなのだが、それにしても、なぜ海の世界へ出かけたホオリが海の女神と会うのに、わざわざカツラによじ登って待たねばならなかったのだろうか。別に『紀』によれば、つぎのように記されている。

> 門前《かどさき》に一の井《ゐ》有り。井上《ゐのほとり》に一の湯津《ゆつ》杜樹《かつらのき》有り。枝

葉扶疏《しきも》し。時に彦火火出見尊《ひこほほでみのみこと》、其の樹下《このもと》に就《ゆ》き、徙《よろ》倚《ほひ》彷徨《たたず》みたまふ。（本文）

門外に井有り。井の傍《かたはら》に杜樹《かつらのき》有り、乃《すなは》ち樹下に就きて立ちたまふ。（第一の一書）

門前に一の好《よき》井有り。井上に百枝《ももえ》の杜樹有り。故《かれ》、彦火火出見尊、其の樹に跳昇《とびのぼ》りて立ちたまふ。（第二の一書）

宮門《みやのかど》の井上に、湯津杜樹有るべし。其の樹上に就きて居《ま》しませ。（第四の一書）

カツラに言及しない「第三の一書」をのぞけば異同がある。「本文」では「立ちさまよい、行きつ戻りつ」、「第一の一書」では「たたずむ」、「第二の一書」では「飛び上がってよじのぼる」といった具合である。ここからは、樹下に立つのみならず、その大樹を登ったり降りたりする貴人の姿もまた、うかがえそうである。

以上、述べてきたところを一覧すると、次のようになろうか。

大樹の種類	大きさ	貴人	書名
ツバキ	―	景行天皇	豊後国風土記
ツバキ	五百つ蓋を張れるかと思う	大穴持命	伊予国風土記
センダン	朝日に多良の峯をおおい、夕日に荒爪山をおおう	景行天皇	筑後国風土記
クヌギ	朝日に杵島山を隠し、夕日に阿蘇山を隠す	景行天皇	日本書紀
クスノキ	朝日に蒲川山をおおい、夕日に草横山をおおう	小碓命（倭建命）	肥前国風土記
ケヤキ	上の枝は天をおおい、中の枝は東国をおおい、下枝は鄙をおおう	雄略天皇	古事記（歌謡）
カツラ	―	火遠理命	古事記 日本書紀

どうやら神樹と貴人にかかわる大樹の伝承は、発想を逆にしたほうがわかりやすいのではないかと思われる。つまり、偶然のできごととして大樹のもとに貴人が立つ（登ったり降りたりする）のではなく、貴人であるがゆえに大樹のもとに立つ（登ったり降りたりする）ことができ、それによって大樹の神威をより憑《つ》か

せることができるのだろう。いや、もっといってよければ、神樹の威勢によってはじめて〈貴人になる〉とみて至当だろう。景行は幹線ぞいのツバキの神樹にふれることで、その地方の氏族を征服する力を得て貴人となり、ヤマトタケルもまた幹線沿《ぞ》いのクスノキの大樹のもとに立つことによって地名をつける（支配をおよぼす）力を得て貴人となり、ホオリは門のそばの（それはとりもなおさず道のほとりでもある）カツラの大樹のもとをさまよい、また大樹によじ登ることによって、異類婚であるトヨタマビメとの成婚にたやすくこぎつける力を得て貴人となったのである。

四

官道ぞいに、あるいは眺望する山野に、幹を太らせ枝葉を茂らせる大樹は、古代の人びとにとって、天をささえ地をかためて安寧をもたらす神樹と考えられた。

こうして見てくると、古代の官道を西へむかい、やがてそれが尽き、対馬水道の海路をこえた朝鮮半島に残されている大樹伝承にもふれたくなる。ほかならぬ古朝鮮《コチョソン》の創生神話に登場する檀《マユミ》の大樹である。

檀君《タングン》朝鮮・箕子《キジャ》朝鮮・衛氏《ウイシ》朝鮮という部族国家が半島を支配していた古代を古朝鮮というが、近年、平壌江東地方の古墳から出土した人骨の年代測定値が、檀君が国家を開いたとされる紀元前二三三三年に近いというのを根拠に、その遺骨が発見されたといい、檀君朝鮮が実存したといった主張もないではない。衛氏朝鮮はともかく、檀君と箕子の両朝鮮時代は古伝承の時代だといえそうである。

一然《イルヨン》（一二〇六―一二八九）の『三国遺事《サムクツユサ》』から、引用がすこし長くなるが、檀君朝鮮の起源を語るくだりを読んでみよう。

昔、桓国（帝釈を謂ふ也）の庶子桓雄有り、天下に数意して人世を貪求《とんきう》す。父は子の意を知り、三危大伯を下視せば以て人間を弘益《こうえき》すべしと。乃ち天符の印三箇を授け、遣《や》り往《ゆ》きて之を理せしむ。雄は徒三千を率ゐて太白山頂（即ち太白は今の妙香山）の神檀樹下に降る。これを神市と謂ひ、是を桓雄天王と謂ふなり。風伯両師雲師を将《ひき》ゐて、穀を主《つかさど》り命を主り病を主り、刑を主り善悪を主り、凡そ人間の三百六十余事を主り、世に在りて理化す。時に一熊《いう》一虎有り。同穴して居り、常に神雄に祈り化して人と為らんことを願ふ。……熊は女身を得、虎は忌む能《あた》はずして人身を得ず。熊女は与《とも》に婚を為す無し。故に毎《つね》に檀樹の下に呪し孕む有らんことを願ふ。雄乃ち仮化《けくわ》して之と婚し、孕んで子を生む。号して檀君と曰ふ。

桓雄《ファヌン》は、地上を治めることを望んでいた。その意思を知った父は、たくさんの従者をつけて天からくだす。「神檀樹下」に降りたというから、太白山に生えていたマユミの巨樹をよりどころにしながら、降臨したのだろう。風の神や雲の神をともない降下した雄は、農業をはじめ「人間の三百六十余事を」教え、人びとをみちびく。それのみならず、人になりたいと願っていた熊と虎に、その方法を教え、虎は首尾よくいかなかったが、熊はひとりの女となった。熊女は結婚して子を宿したいと願う。そこで桓雄が人となり熊女と結婚し、ふたりの間に、檀君（王倹《ワンゴム》）が誕生するのだ。

右のような檀君朝鮮の始祖である檀君の誕生は、そのままウガヤフキアエズのそれと酷似するだろう。すると、桓雄はマユミの威勢を帯びることによって、はじめてこの地上を支配し熊女と婚姻をむすび、古朝鮮の始祖となる王倹をもうけることができたというべきだろう。

五

道はミ・チであり、ミは美称、チはまか不思議な霊力がみちあふれている、モノなり場所なりをいったらしい。わたしたちを生かす血がチであり、赤ん坊を育む乳がチであり、峰のように横たわる恐ろしい蛇がヲロチであり（ヲは峰＋ロは接尾語＋チ）、あらゆる命の芽生えをいざなう春の東風がコチであるように（コは春風がやわらかいところから小＋チ）、である。漢字の「道」は、邪悪なものをさけるための首をぶらさげて行く、の会意文字。「路」は、足＋呪詞によって霊威あるものが天くだる、の会意文字。ミチは、人馬や物が往来するだけでなくて、狐狸も異界の人も物も往来するだろう。同時にさまざまな文化も信仰も往来するはずだ。

大樹への信仰と伝承とがどこで発生したかをさぐるのは、あまり有益ではあるまい。いまは朝鮮半島までを俎上にしてみたのだが、さらに朝鮮半島から黄海をわたって中国へと道をたどってみよう。漢の劉秀が校訂してまとめた『山海経《シャンハイチン》』に、たとえば、

湯谷《とうこく》の上に扶桑《ふさう》有り、十日の沐する所なり。黒歯《こくし》の北に在り。水中に居《を》り、大木有り。九日下枝に居り、一日上枝に居る。……『淮南子《ゑなんじ》』にも亦《また》云ふ、堯《げう》乃ち羿《げい》をして十日を射しめ、其の九日に中《あ》つ。

と。湯谷《タングー》のほとりに扶桑《フサン》が生えていて、十の太陽が沐浴するところである。九つの太陽が樹の下の枝にいて、一つの太陽が上の枝にいる。堯《ヤオ》が弓の名手の羿《イ》に命じて太陽を射落とさせたが、矢をつがえた羿はつぎつぎに九つまでも命中させたという。十の太陽がすむ扶桑の巨樹、その下にいて射かける貴人の羿 —— 大樹へよせた東アジアの人びとの想いが、大陸の道のかなたに見えてくる。

註

（1）高屋宮の所在を鹿児島県姶良郡溝辺町あたりとするのが一般的だが、未詳とするのが穏当だろう。

（2）景行天皇の巡行については、河村哲夫『九州を制覇した大王景行天皇と巡る西海道歴史紀行』、榊原英夫『景行天皇巡幸記』（共に海鳥社）などによる。

（3）同様の記事は『紀』にもあり、またこれらとは別に『紀』神武即位前紀にも類似する記事があって「菟田の血原」の地名起源の伝承となっている。

（4）別に「大殿戸（おほとのど）に椹（むく）と臣木（おみのき）とあり。其の木に鵤（いかるが）と此米鳥（しめどり）と集まり止まりき。天皇、此の鳥の為に、枝に穂（いなほ）等を繋（か）けて養ひたまひき」と、椋（ムク）と樅（モミ）の木が出てくる。

（5）『肥前国風土記』は、さらに「荒ぶる神」の伝承を伝えている。郡の西に佐嘉川が流れており、その川上の神は往来する人びとに害をなし人びとの半数は殺されてしまう。そこで県主らの祖であった大荒田が占い、大山田女・狭（さ）山田女のアドバイスを得て、神を鎮め和らげたという。人びとが新墾田（あらきだ）を拓く以前に、この地を支配していたのが、じつはこの「荒ぶる神」だろう。

（6）たとえば『初学記』所引の虞喜『安天論』に「俗伝月中仙人桂樹。今視其初生。見仙人之足。漸巳成形。桂樹後生」とあるように、東アジアでは月にはカツラの巨樹が生えているという伝承があった。

東茂美（ひがし・しげみ）……一九五三年生。福岡女学院大学大学院教授。文学博士。著書に『大伴坂上郎女』（笠間書院）、『東アジア万葉新風景』（西日本新聞社）、『山上憶良の研究』（翰林書房）、『万葉集の春夏秋冬』（笠間書院）、共著に『坂上郎女』（おうふう）、『天平万葉論』（翰林書房）、『図解雑学　楽しくわかる万葉集』（ナツメ社）などがある。

新視点

市民参加による古代官道の研究・活用

――古代官道ウォーキングのすすめ

石井 幸孝
Ishii Yoshitaka

1300年前のハイウエイを探る
古代官道ロマン

七世紀に始まる律令国家の全国事業「古代官道」は、延長六三〇〇キロ、道幅一二メートル、平野部は直線道路という驚くべき規模と規格で、その拠点は都（平城京、平安京）とならんで西海道（九州）の大宰府・鴻臚館だった。

この事実は一般市民にはほとんど知られていない。ヨーロッパにおいては二千年も前の「ローマ街道」が広く今日の市民にも知られているのと対照的である。彼の地では、ローマ帝国時代の馬車文化が、国家のみならず民衆にも、今日まで踏襲されてきたのに対し、我が国では、地形などの違いもあって、馬車文化がなく、平安末期に古代官道のインフラと制度が廃れ、以来古代官道は伝説のかなたに消えてしまったことによる。

なにぶんにも古い話で、まだ実態が十分に解明されていないが、貴重な国民的歴史・文化遺産を調査、顕在化させ、整備・活用し、文化財の保護にとどまらず、地域おこし・観光・教育等に活かしていくとともに、「道」を通じ行政の境を超えた連携の導火線にもしたい。

古代官道の調査・研究は今まで、もっぱら教育委員会や学会などの学術調査を主とした公的事業に近い形にゆだねられてきた。私どもは、地域の市民が専門家の指導のもと、このロマン溢れる「古代官道」を素人ながらも、現地に赴いて、日ごろの生活実感や土地の言い伝えなどをもとに調査・研究を試みたり、楽しい活用方法を提案しようという趣旨の活動を行ってきた。平成二十（二〇〇八）年度、二十一年度にわたり、国土交通省による「『新たな公』のコミュニティ創生支援モデル事業」として選定された。「新たな公」とは「国土形成計画」（国土交通省、平成二十年七月四日閣議決定）で打ち出された新しい概念で、いわばNPOなど幅広い民間の団体や個人が官に代わって、あるいは官と協働で「公」的な仕事を行うという発想である。

NPO鴻臚館・福岡城跡歴史・観光・市民の会（現NPO福岡城市民の会）と、NPO太宰府ボランティア・ネットワーク・歩かんね太宰府実行委員会（現NPO歩かんね太宰府）とが協働で「市民参加の古代官道（西海道）調査・活用事業実行委員会」（代表・委員長／石井幸孝福岡城市民の会理事長、副委員長／島松尚宏歩かんね太宰府理事長）をつくり取り組んできた。

平成二十年度には、関心を誘うイベントを繰り返しながら、プロジェクトを進めてきた結果、予想以上の市民の参加と反応で、素朴ながらも、趣旨に沿った成果と今後の取り組み課題を捉えることができた。全く新しい取り組みであり、時間の制約もあったが、このテーマの持つ潜在的な魅力と将来性を感じた。

平成二十一年度は、前年度好評であった手法を踏襲しながら、さらに地域住民とのコミュニティづくりや、若い世代、学校とのコラボレーションに広がりをもたせた。具体的には、定着しつつあった「市民フォーラム」や「フィールドワーク（ウォーキング）」「市民シンポジウム」の組み合わせに、内容に関心を誘うような工夫をした。さらに「ワークショップ」として古代官道の駅家《うまや》、ルートの所在地を二カ所（「長丘駅」、「城《き》の山道」）選び、そこに住み続けている地元住民とのグループ対話方式での地域伝承的調査・意見交換を行った。また易しい古代官道読本として『１３００年前の高速道路』を作成の上、太宰府市立の太宰府西中学校、学業院中学校の生徒（合計約八百名）と古代官道「スクールフォーラム」を開催した。

二カ年間、順調に推移し三年目もさらに発展を期していたが、政府の方針で「新たな公」プロジェクト全体が事業仕分けでストップになり、平成二十二年度以降については政府の補助事業とは切り離して、市民活動を継続して今日に至っている。今後とも「古代官道」が広く国民の関心事になり、九州はもとより全国的な展開となり、願わくは「古代官道」ブームが巻き起こることを期待したい。体験したエピソードや知見などをまじえて、活動を報告し、今後このプロジェクトに賛同する市民や支援・活用する立場にある行政機関などの参考に供したい。

市民フォーラム（市民参加の啓蒙・研修セミナー）の実施

平成二十年度は「総合市民フォーラム」（平成二十年十一月三日）として基調講演の後、関係五市教育委員会の専門家による遺跡調査結果の説明を行い、さらに地域主体の「市民フォーラム・ｉｎ福岡」（十二月三日）、「市民フォーラム・ｉｎ太宰府」（十二月十一日）を行って、「古代官道」なるものの市民への啓蒙を行った。平成二十一年度は、「市民フォーラム・ｉｎ福岡」（平成二十一年十月十六日）と「市民フォーラム・ｉｎ太宰府・筑紫野」（十一月十一日）を開催した。福岡地区は人口も多く、また古代官道はもとより、歴史への意識が低いので、週日の夜間に市役所講堂で行い、「市政だより」や事前記者会見等ＰＲにも力を入れ約二百名の参加があり、熱心な質疑もあったが、大都市の市民の関心を引くのは難しいことだと感じた。一方太宰府・筑紫野地区は平素から歴史の意識も高く、古代官道も浸透させることができ、いわば先進地となってきた。『万葉集』からひもといた解説も行った。

盛況の市民フォーラム

七世紀から八世紀といえば、『万葉集』も古代官道も最盛期、万葉歌人が古代官道の各地で歌っているので、『万葉集』をひもとけば古代官道の状況が浮かび上がってくる。

❶ 水城では任期を終えて都に帰る大宰師《だざいのそち》（大宰府の長官）大伴旅人が、愛しい人・児島と別れを惜しんで

「ますらおと　思える我や　水茎《みずくき》の　水城《みずき》の上に　涙

水城内側のテラス。都に帰る人の送別の場でもあった

宝満山を背にした蘆城駅家跡付近

拭《のご》はむ」と歌っている。水城の東門か西門が送別の場所になっていたことがわかる。

❷「大宰の諸卿大夫と官人等と筑前国の蘆城駅家に宴する歌二首」

「女郎花　秋萩まじる　蘆城の野　今日を始めて　萬代に見む」

「たまくしげ　蘆城の川を　今日見ては　萬代までに　忘らえめやも」

「右の二首は、作者詳らかならず」とある。宝満山を前にした蘆城駅家は大宰府からわずか五キロくらいのところで、どう見ても馬の交換に必要というより、要人の宴会の場（？）と勘繰りたくなる。蘆城駅家は『延喜式』には載っておらず、途中で廃止になっている。平安遷都の頃、桓武天皇は古代官道の合理化をやったらしく、道幅も一二メートルから六メートルほどになっている。播磨（中国一の大国）の国府所在駅草上駅の東側数キロにあった佐突《さつち》駅も廃止になっている。似たようなことがあったのかもしれない。

フィールドワーク（古代官道ルート・ウォーキング）

本プロジェクトのハイライトともいえる、古代官道ルートのウォーキングを専門家の解説付きで実施した。平成二十年度は「水城西門ルート」（大宰府政庁～水城西門～鴻臚館）を三回に分けそれぞれ三時間ウオーキング。「水城東門ルート」（大宰府政庁～水城東門～山王公園～〈博多〉）は二回に分けて実施。これらは木下良氏（当時古代交通研究会会長）や木本雅康氏（古代官道学識研究者）の飛び入り参加などもあり、専門家からも注目された。また「西門ルート通しウォーキング」を大宰府～鴻臚館約二〇キロ（多少寄り道が入るので直線距離よりやや長い）所用六時間を平成二十年十二月二日に実施した。古代人になった雰囲気で元気一杯だった。これらウォーキングは毎回二十～三十名の参加だった。

平成二十一年度には「大宰府・豊前路ルート」（大宰府政庁～戒壇院、観世音寺～九州国立博物館辺）、「大宰府路・東西横断ルート」（博多住吉神社～美野駅〈現博多駅〉～日守神社～夷守《ひなもり》駅）、「壱岐対馬路・東西横断ルート」（九電体育館前～大休連山越え～樋井川～約四キロ直線路～有田・小田部）、「水城西門・東門バイパスルート」（西鉄井尻駅～地録神社～筒井の井戸～水城東門）のフィールドワーク（ウォーキング）を行った。

古代官道ルート・ウォーキングの様子

❶ 畿内からの六道は放射状だが、西海道の古代官道は大宰府を中心にしたネットワークで、どのルートも行き止まりではなく循環型になっている。またどこの場所も必ず二ルートから行けるようになっている。白村江で倭国・百済連合軍が新羅・唐連合軍に負けて帰ってきて、翌六六四年に、大変な緊張感のもと水城と共に古代官道も整備したので、軍事上の配慮がなされていたといえる。鴻臚館（当初筑紫館《つくしのむろつみ》）の性格も軍事上の施設だったが、平時になって迎賓館に変わってきたと思われる。水城西門ルートは鴻臚館から直線で大宰府の南西をかすめて次田《すきた》の湯（二日市温泉）に向かい、ここで一泊、身を整えて、朱雀門から太宰府朱雀大路を北上、政庁に向かったものだろう。西門ルートを午前中に南東方向に向かうと太陽に向かって歩くので、「日出づる国の天子」に挨拶にいく演出をしている（？）のを実感。

❷ 一方東門ルートは博多から水城東門を経由して大宰府街路の西北部に直接に向かうので、政庁に近く、いわば国内用の通用路だ。大宰府から大宰府路経由博多津や山陽道に向かうルートである。後に表敬の礼儀

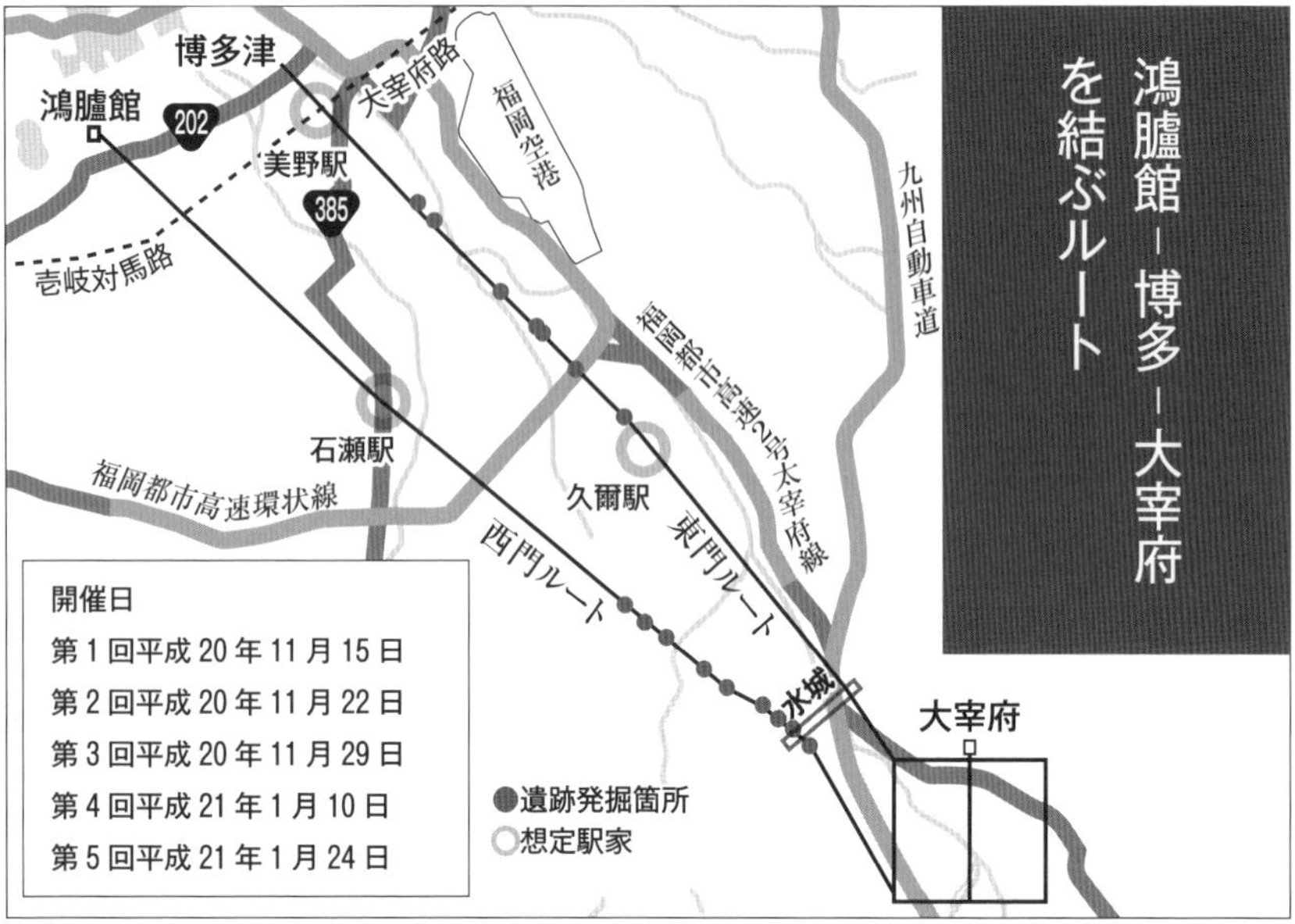

フィールドワークの企画内容

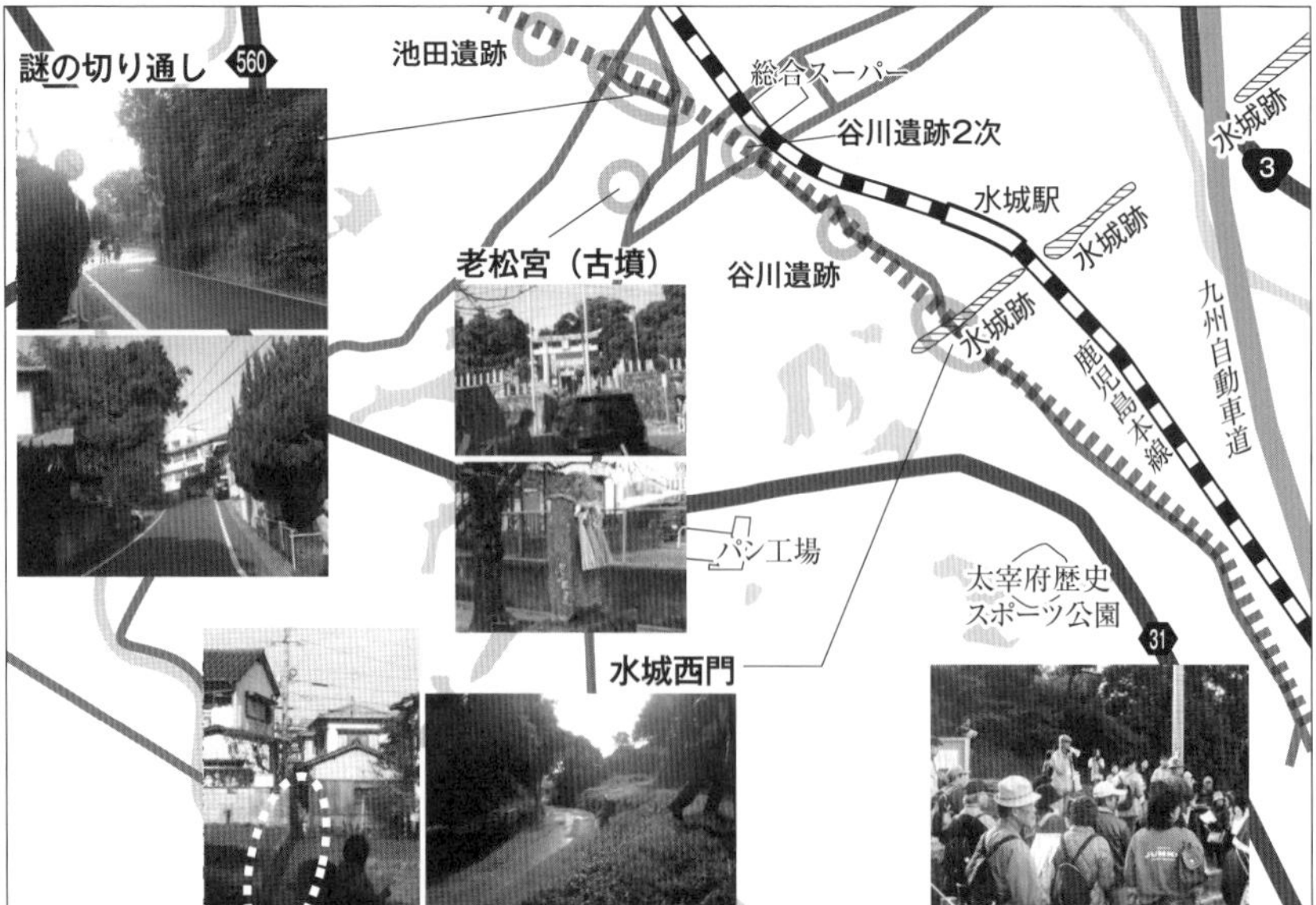

第１回フィールドワーク「西門ルート」

第２回フィールドワーク「大宰府路　東西横断ルート」

作法も簡略化して、西門ルートから途中で東門ルートに行くバイパスルートが常用されるようになって、西門ルートの南半分は廃れてしまった。このバイパスルートは「西の宰府みち」として後にも使われてきた。

❸水城西門ルートは高宮通りの西側、一本裏に痕跡道が残っており、東門ルートは筑紫通りのやはり東側一本裏に痕跡道が残っている。というより、どちらも古代官道沿いに家が建ち、その後広い道を新設する時に古代官道の裏に作ったということだ。高宮通りと筑紫通りは約七度の開きがあるが、古代官道縄張りの時に決まったものだと言っていいだろう。

❹水城西門ルートは平成十七年三月二十日福岡西方沖地震の源になった警固断層沿いである。痕跡道を歩いてみるとその実感が出る。断層の東沈下側は隆起側の雨水浸食土砂でできた帯状堆積地なので、うってつけの直線平坦地だったのだろう。痕跡道西側の宅地は崖状に一段高い。途中「石投げ地蔵」のあたりは垂直隆起状地で、湧水もある。一休みしたところだろう（福岡市南区向野一丁目）。全国的にも断層沿いの古代

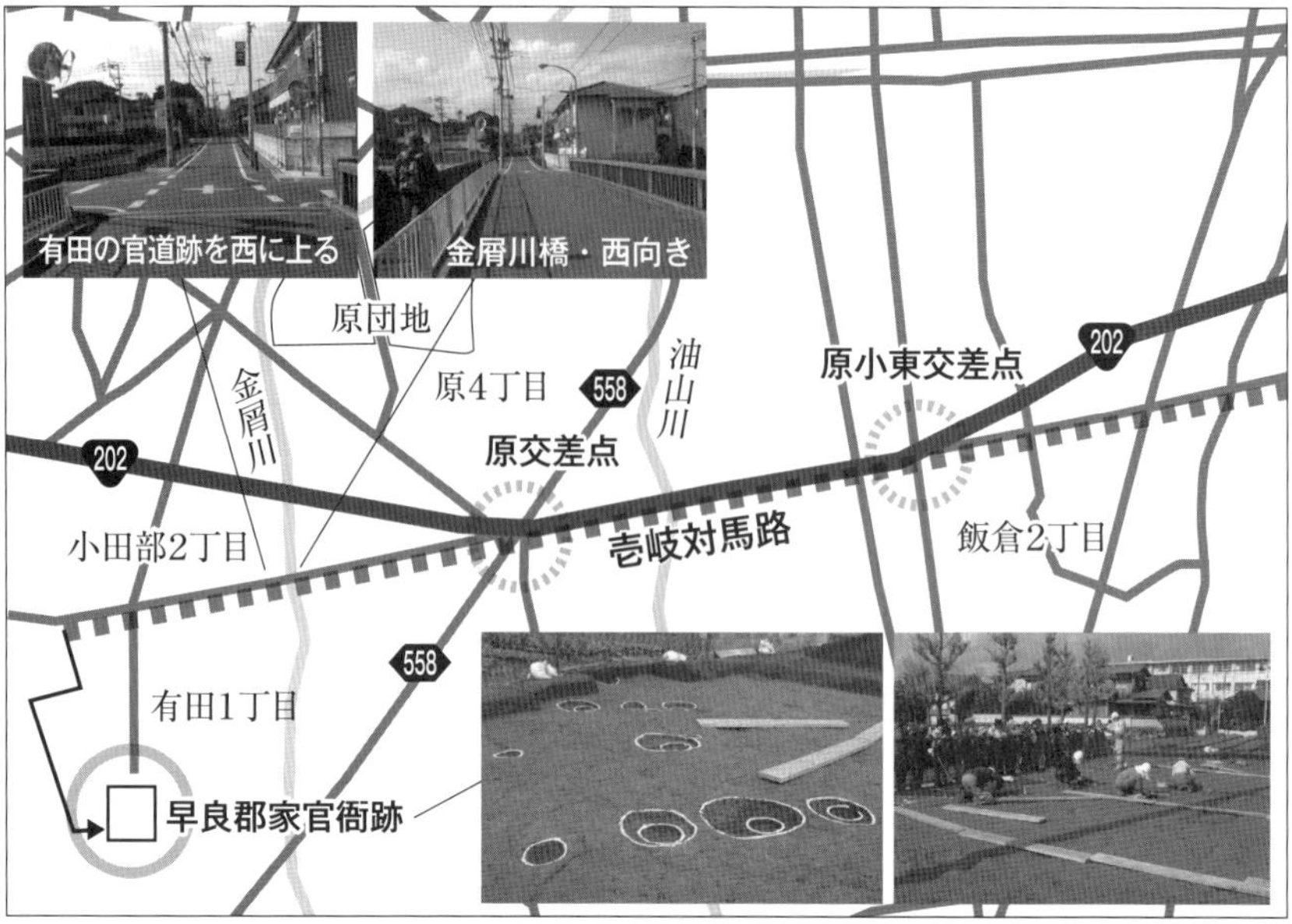

第３回フィールドワーク「壱岐対馬路　東西横断ルート」

官道造成は例があるだろう。

❺壱岐対馬路・東西横断ルートは興味尽きないルートである。美野駅（現博多駅）十字路で山陽道から来た大路をまっすぐ西南に向かう。住吉神社門前を経て水城西門ルートと交差し、やがて大休《おおやすみ》連山を横断し樋井川を渡って九大田島寮から約四キロ、きれいな直線で有田・小田部の丘陵地まで続いている。多少の山坂があっても直線として馬で飛ばしたのだろう。途中七隈緑地のところは切通しになっている。原小東交差点と原交差点間は国道２０２号と一致しているが、その他は古代官道のほうが一直線で、並行する２０２号のほうが曲っている。原小東、原両交差点とも三叉路が観察されておもしろい。この道は「太閤道」とも呼ばれ、戦国時代に博多から朝鮮出兵の兵站基地だった名護屋城などに急行する道としても使われたものである。今も「太閤道」なんて看板のついた店がある。小田部のあたりはやや高台になった早良平野中央の重要地で、近くに早良《さわら》郡家《こおりのみやけ》官衙《かんが》跡が発掘されている。

❻壱岐対馬路の深江駅家の位置は途中移動したとも

言われるが、今の「塚田南遺跡・万葉公園」で、この場所は西九州自動車道南側すぐのところ、さらにその南側は二丈岳（七一一メートル）の山系が迫っており、山懐に抱かれたようなところである。ところで、深江駅家の万葉公園のすぐ隣接地に天然水の湧水地があり、水を汲む人で賑わっている。百円コインで一〇〜一五リットルでる蛇口が十カ所以上もあり、マイカーで来て大型ボトルに入れて持ち帰る。県の飲用水としての認定もあるが、二丈岳天然名水万蔵温泉「希望の水」とあり、看板に書いてある効能書きによると、免疫機能バランス改善、アレルギー疾患抑制、ガン転移抑制とある。マンション工事の時に噴出したようだ。そういえば近くにこのような天然水の取水地がほかにもある。看板が出ており、また「二丈温泉きららの湯」といったラドン温泉もある。霊験あらたかな美味しい水の出るところだ。古代の深江駅家も美味しい水に喉を潤していたのかもしれない。

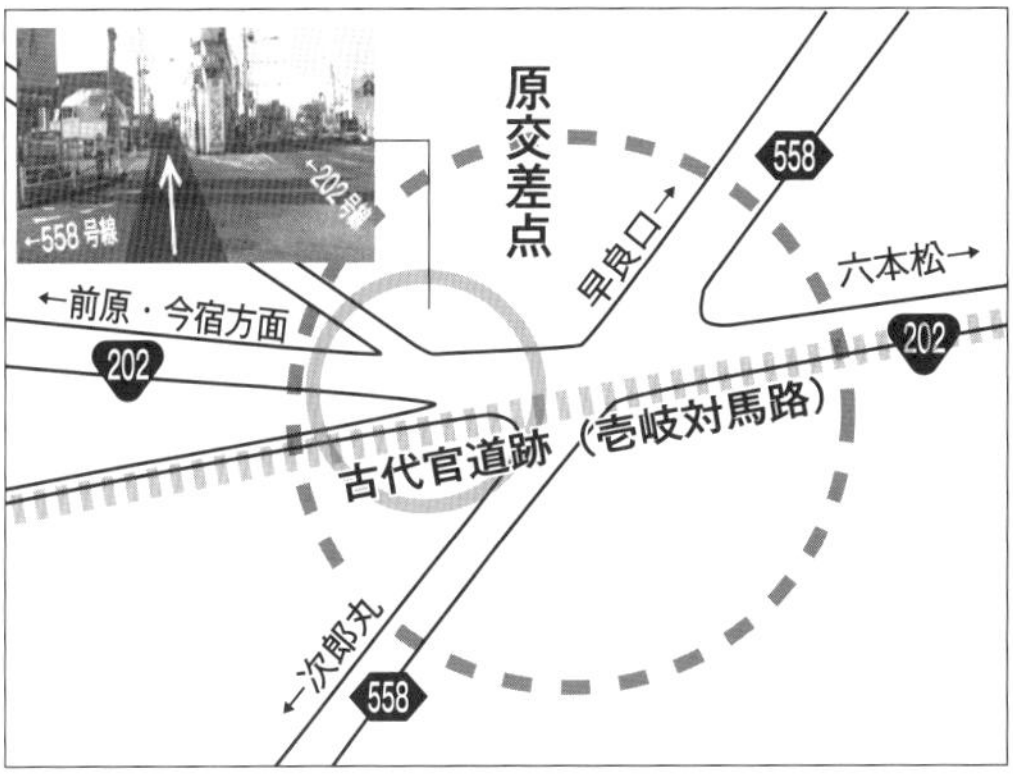

早良平野　壱岐対馬路　原交差点

　駅家の位置はやや高台の、できれば湧水地が良く、後に神社になっているところも多い。豊前豊後連絡路の下毛《しもつみけ》駅は海神社に、宇佐駅は泉神社に想定されている。

❼福岡県と佐賀県の県境が南北に約六キロにわたって、直線となっているところがある。これこそ一三〇〇年前に西海道（九州道）の重要路線であった西海道西路が南北方向直線で建設された時に、東側が筑後国、西側が肥前国と定められたからである。

　この道は大宰府から平野部はほぼ直線に近い形で、最短コースで南下し、筑後国府（久留米市）、肥後国府（熊本市南部）を経て、薩摩国、大隅国に向かう。また古く吉野ヶ里時代から内海基地だった有明海沿岸と外海基地だった博多湾沿岸を直結する軍事交通路でもあったのである。

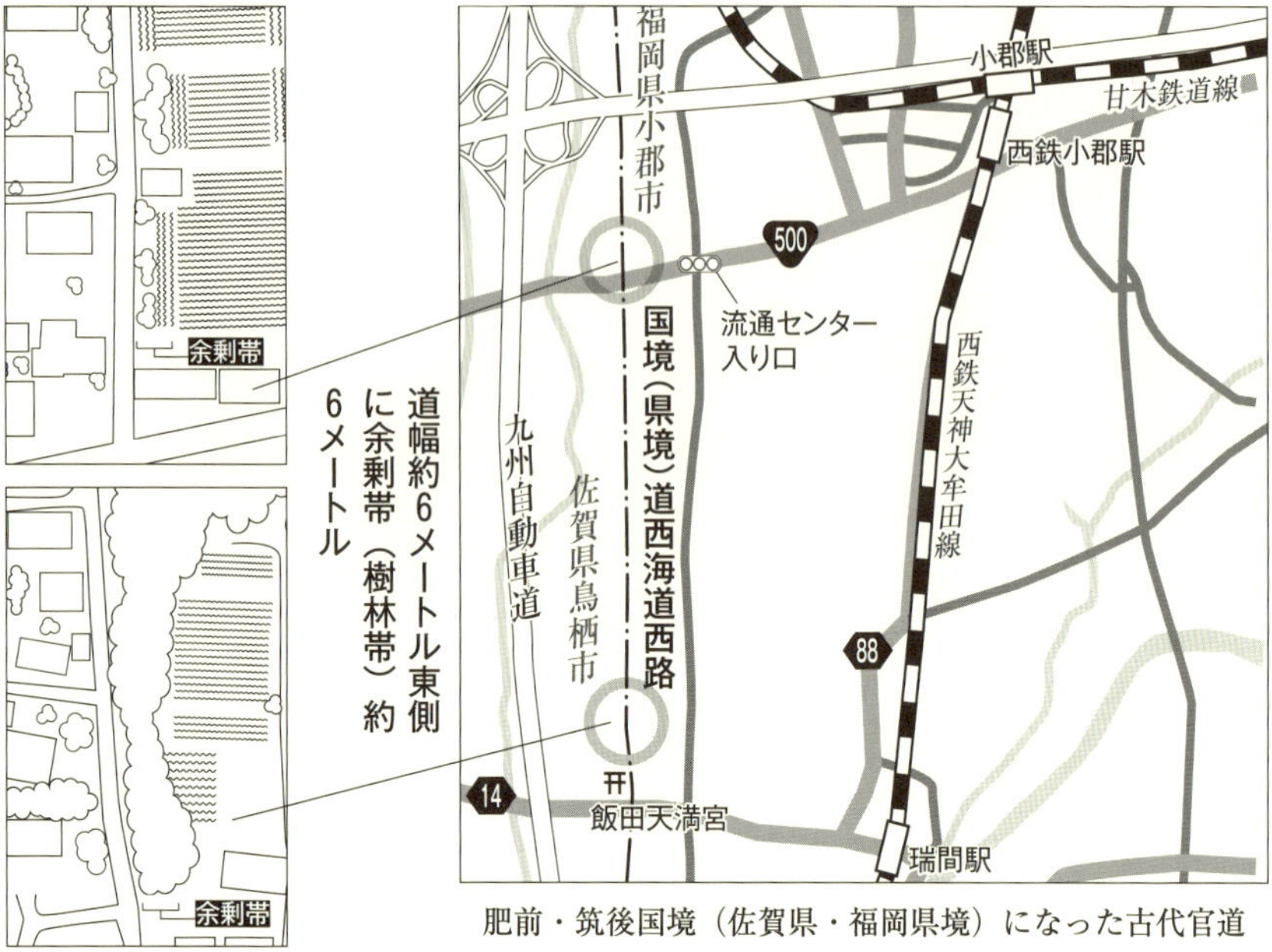

肥前・筑後国境（佐賀県・福岡県境）になった古代官道

この直線国境（県境）道は、ＪＲ基山駅の東五〇〇メートル位のところから、ＪＲ鳥栖駅東南東二キロ位のところまでの六キロ位で、三〇〇メートル位西側を寄り添うように、高速道路九州道が南下しており、丁度真ん中辺に鳥栖ジャンクションがある。一〇〇〇年前も今もハイウェイの計画は同じ発想だ。

現在の佐賀県鳥栖市と福岡県小郡市の境界道は、詳しい地図で見ると微妙に多少ジグザグしているものの、一万分の一地図くらいからは直線でしか表示できないくらいまっすぐである。

ところで肝心の古代官道の痕跡は、今はどうなっているのだろうか。地図や航空写真でたどれば、北半分は途切れ途切れに狭い道が残っており、またそれに平行して樹林帯（竹林）が残っていたり、畑や林の景観が境界の東西でかなり違っていて、国境だったのだなという実感がする。また用水路がこれに一致するように残っているところも多い。おそらく古代官道の側溝が生活排水路や農業用水路に流用されて、道はなくなってもそれだけが南北直線水路で残っているのだろう。

南側のほうは水路のついた草地帯が残っていて、細い道が沿っている。おそらく道幅一二メートルだった古代官道の跡が両側の田畑の間に残っているのだ。一三〇〇年前の姿が今に残っており、また幅一〇〇メートル位の水田地割り（条里）らしきものも東側に観察される。

特に興味が尽きないのは県道14号線と交差する点から、北に一五〇〇メートル位、国道５００号線と交差するあたりまでの南北痕跡道である。

西鉄端間《はたま》駅で下車して現地に行ってみよう。県道14号線を西方に歩くこと約十五分位で、国境線古代官道地点に直角にぶつかる。西福重というところだ。佐賀側は鳥栖市飯田町。「佐賀県」の標識とともにここで県道の道幅が広くなる。ここに立って南方を向くと、ここからは道はないが民家の間に幅二メートルくらいの水路がある。北を見ると五メートルくらいの生活道路が一メートルくらいの水路を従えて北に伸びている。道路の左の民家は肥前（佐賀県鳥栖市）、右の竹林は筑後（福岡県小郡市）。東西で地籍や耕地、民家のたたずまいが違うので昔の姿が彷彿とさせられる。

国境道を北に向かって歩くと、東側に並行して幅六～八メートルくらいの樹林帯（竹林）が残っているところが結構あり、今の五メートル位の道路幅が嘗て一二メートルくらいあった名残のように観察される。樹林帯は、今の地籍図上で、道幅の分だけ余ってしまう地割の余剰帯といわれるものだろう。やがて国道５００号線と交差する。この北側にも東側に余剰帯（樹林帯）痕跡が観察される。国道５００号線を東に十五分ぐらい歩くと西鉄小郡駅にでる。

ワークショップ（地域住民からの地域伝承的調査）

平成二十一年度に行った「ワークショップ」は嘗て「長丘駅家」（筑紫野市永岡）があったところと、『万葉集』に出てくる「城《き》の山道」というルートを選び、該当地の集落の皆さんとグループ調査・意見交換を複数回、膝を交えて行うという試みで、まだ方法論は今後工夫がいるが、専門家的に見ても「古代官道」の地域伝承的調査という新手法になる可能性がある。長丘駅の想定地は永岡八幡宮の高台で西海道西路から分かれ真東に来た西海道東路の最初の駅家である。ここから屈曲して南東に向かう。この地は高台になっており、古くから宝満川分流点を眼下に望む水陸の重要点だっ

古代官道「城（き）の山道」南側

たようだ。八幡宮裏は古墳の跡らしい。駅家廃止後、中世は砦のようなものがあったようだ。言い伝えや断片的資料もあるが、ほとんどが中世以降である。

ワークショップでは積極的な発言があったが、時代感覚はばらばらで、今後、言い伝えを整理・評価しなければならない。

「城の山道」は「今よりは　城の山道は　さぶしけむ　わが通はむと　思いしものを　葛井連大成《ふじいのむらじおおなり》」と歌われた、大宰府から西海道西路を南下して基肄《きい》城東縁を行く山道で、細かい屈曲はあるが、大局的には直線路である。発掘調査等は進んでいないが、ほぼ辿れる。北端では大宰府が望め、南端では筑後平野が望めるという、戦略上の重要幹線だ。ルートを歩いた後、南麓佐賀県基山町城戸集落の皆さんからヒアリングを行った。

古代官道読本「1300年前の高速道路」作成

今後古代官道の市民への関心拡大には、学校や家庭にも浸透していかなければいけない。そのためには子どもにも、一般市民にも易しく読める読本が必要である。挿絵や解説図・写真をふんだんに取り入れた『1300年前の高速道路』という解説本をつくった。オール振り仮名付き、ただし最後の二ページは

易しい古代官道読本『1300年前の高速道路』

先生・保護者向け専用で振り仮名なし、四十三ページ。内容はかなり専門的解説も入っているので、発行後、一般市民にも解りやすいと人気がある。今まで、学術書が主体だったテーマにごく平易なものができたので、新聞にも大きく紹介され、分けてほしい、図書館におきたいなどの要請がきた。

スクールフォーラム（中学校出前講座・意見交換）

大宰府跡という古代歴史遺産が身近にある二中学校の協力を得て、さっそく古代官道読本を使って勉強会を行った。平成二十二年二月二日太宰府市立学業院中学校、二月五日太宰府市立太宰府西中学校とそれぞれ約一時間、講堂で教職員保護者も参加して開催した。学業院中が一、二年生四七五名、太宰府西中が一、二年生二八九名、事前に社会科の時間に予習していたので熱心な質問や意見も出た。最後に生徒から感謝の言葉があった。生徒に感想文を書いてもらったが、主な内容として「古代官道は初めて聞いた話で興味がわいた」「今に繋がっていること、身近にあることに驚いた」「改めて歴史を考え、伝えていきたいと思った」「駅の字の馬偏の意味が分かった」「家族にも話したい（太宰府に住んでいる誇りを感じた）」「読本や講演会の説明もわかりやすかった」とあり大成功であった。

成果と今後の可能性

古代官道ウォーキングの魅力

❶ 古くて新しいテーマへの参加市民の驚きと興味は大きい。テーマ性のあるルート・ウォーキングは、健康のための散歩などと違って、遺構の確認、ルートの景観、疑問点の確認など知的な高まりを持ちながら歩くからである。

❷ 今日では関係ルートの基礎資料、古代官道マップ、一般地図（五万分の一、二万五千分の一、場所によっては一万分の一）などを手に個人としても歩ける。グループで専門家を交えながらのウォーキングは最高である。古代官道ルートはあまり世俗化していない景観もありノスタルジアを感ずる。古代官道は基本的には直線、緩い勾配であるから体力に関係なく歩くには適している。

市民参加の調査・活用、コミュニティの創生

❶ 壮大な歴史・文化遺産でありながら、従来専門分野の関心事にすぎなかった古代官道が、市民にも認識される端緒を開くことができた。

❷ 従来「官」「学」にのみ依存していた公的文化遺産の、市民参加による調査・活用事業の先鞭を開くことになった。

❸ 専門家による地道な調査努力の成果が、広く一般市民の前で公開される場を提供した。

❹ 市民らしい、一般から親しみのある見方や取組、活用の提案が得られた。「古代官道を作ってみよう(市民ボランティア参加で、公園内などに短い古代官道を当時の版築工法などで実際に造ってみるイベントの具体提案)」「古代官道を描いてみよう」など「民」ならではである。

❺ 従来、観光資源や産業の乏しいと目されていた地域の活性化やコミュニティづくりに寄与する。「道」なるが故に繋がっており、市境(福岡県内五市)県境(福岡県と佐賀県)を超えた連携やコミュニティづくりができる。

❻ 歴史教材『1300年前の高速道路』を作成することができて、学校副読本、子供向け解説書、大人・先生にも解りやすい解説書として評価された。若者、次世代への啓蒙・継承にも活かされる。

❼ 「ワークショップ」などを通して古代官道の新しい調査手法として「地域伝承的調査」を手掛けることができた。まだこれからであるが、コミュニティづくりにもプラスである。

❽ NHKでは平城京遷都一三〇〇年関連テーマとして特番「古代日本のハイウェイ〜1300年前の〝列島改造〟」(平成二十一年十月十二日BS－放映)が企画され、これに協力することができた。余談であるがこの国際放送を見たスペイン在住の日本人女性から私どものホームページにアプローチがあった。

将来の可能性

❶ まず「古代官道」という国民的歴史資産が壮大なスケールで北部九州と畿内を起点にして全国に存在するという事実が、市民・国民の前に認知される端緒が開かれた。まだ十分浸透しているとは思えないが、予想以上の関心の輪が広がる手ごたえを感じた。

❷ 参加した市民からは多角的な参加意欲、提案なども寄せられているが、専門家・行政からも期待が寄せられつつある。

❸ このような民間的手法が、将来、モデル事業から独立して、有効に調査研究の一助や地域活性化等に寄与するためには、その意義を関係者が認識をして、①行政、自治体等が地域活性化策として取り上げるケース、②財団、協会等の支援事業となるケース、③大企業等がメセナ的に取り上げるケース、④マスコミ・イベント企業等がプロジェクト等で取り上げるケース、ビジネスとなるケースもある、⑤NPO等が中心になって会員制や参加型で推進するケースなどの可能性を持っている。官民合同の古代官道活用の推進組織なども有効な手法と考えられる。

❹ 古代官道は都市部から離れると、人口減少地区や過疎地域を通っているところも多く、それらの自然・歴史景観は素晴らしく「古代官道」をモチーフにした「地方創生」の一助にもできる。地産地消の食材・食文化との組み合わせなどの広がりも期待できる。

❺ イギリスでは田舎のウォーキングが国民的な趣味で、国もPublic Footpathを整備している。整備といってもコンクリートなどの土木工事的加工を一切加えないで、ありのままの田舎道を可愛い黄色い矢印マークで歩かせるコース設定であるところが素晴らしい。まるで中世の風景を、印象派の絵の登場人物のような雰囲気で歩く。ローマ街道をテーマにしたウォーキングコースも多く、一般の地図にもさりげなくローマ街道遺構ルートにはRoman Roadと書いてあるところが一杯ある。

❻ 将来は我が国も「古代官道ウォーキング・ルート」の整備やガイドブック、ボランテイア・ガイドなどが期

待される。

まとめ

「古代官道」をテーマとして、広く市民や国民が駅家の現地を訪れたり、ルートを歩いてみることには尽きない魅力がある。

「古代官道」は全国を繋いでおり、人の住んでいるところには必ず分布している。誰でも地域の「古代官道」にめぐり合うことができる。そしてある程度は文献や解説書が参考にできるが、解らないことも多く、まるで、推理小説のような、あるいはゲーム感覚的な楽しさもある。

「古代官道」は「古くて新しい」テーマ、「おおらかさの許容できるテーマ」であり、その調査・活用は「民」によるうってつけのテーマではないだろうか。

我が国の「古代官道」最高の権威者、元古代交通研究会会長木下良氏はその名著『事典　日本古代の道と駅』（吉川弘文館）のあとがきの中で、

また市民運動として、NPO法人「鴻臚館・福岡城跡歴史・観光・市民の会」理事長の石井幸孝氏は、国土交通省による「『新たな公』のコミュニティ創生支援モデル事業」として、「鴻臚館～大宰府・古代ハイウエイを探る―古代官道ロマン」と題するフォーラムを催され、セミナーやフィールドワーク（ウォーキング）を実施した上で、前記題名のシンポジウムを計画しておられる。

このような市民運動が全国各地でも催されるようになると、現在では未だ実施できないでいる古代官道遺構の保存なども可能になるのではなかろうか。もし本書がそのようなことに役立てば、著者にとっては望外の喜びである。そのようなことから、読者の意見や質問は大いに歓迎したいので、奥付に著者の住所を記しておく。

と述べておられる。

空疎になった大都市部やベッドタウン化した周辺都市部には、驚きと新鮮な「古くて新しいテーマ」「1300年前のハイウェイ―古代官道」というキーワードが登場し、しかもそれが日常生活しているところにあるということで、地域の話題性になり、地域コミュ

ニティ再構築のきっかけになることが期待される。もとより人口減少地についても活性化の貴重なツールになる。「古代官道」が幅広い市民層にこれからもっともっと広まることを期待したい。

最後に元古代交通研究会会長木下良氏、長崎外国語大学教授木本雅康氏、福岡県内自治体・教育委員会の学術員、地域住民の皆さまには、このプロジェクト推進にあたり格別のご指導ご協力をいただいたのでこの場をかりて感謝いたしたい。

参考文献

木下良『事典　日本古代の道と駅』吉川弘文館、二〇〇九年
木下良他『地図で見る西日本の古代』平凡社、二〇〇九年
木下良『道と駅』大巧社、一九九八年
武部健一『続古代の道』吉川弘文館、二〇〇五年
木本雅康『古代の道路事情』吉川弘文館、二〇〇〇年
中村太一『日本の古代道路を探す』平凡社新書、二〇〇〇年
清木場東『唐代財政史研究（運輸編）』九州大学出版会、一九九六年
塩野七生『すべての道はローマに通ず』新潮文庫、二〇〇六年
David E.Johnston“Roman Roads in Britain”1979 Spurbooks Ltd.
「古代交通研究会」大会資料
「1万分の1、2万5千分の1、5万分の1、20万分の1地形図」国土地理院
市民参加の古代官道調査・活用事業実行委員会「鴻臚館～大宰府・古代ハイウエイを探る―古代官道ロマン」平成20年度「新たな公」成果報告書、同実行委員会、二〇〇九年
市民参加の古代官道調査・活用事業実行委員会「1300年前のハイウエイを探る―古代官道ロマン」平成21年度「新たな公」成果報告書、同実行委員会、二〇一〇年
石井幸孝、室川康男『1300年前の高速道路』市民参加の古代官道調査・活用事業実行委員会、二〇〇九年
石井幸孝「古代ハイウエイ物語」（『月刊九州王国』にて二〇〇九年四月号より連載中、エー・アール・ティ）

石井幸孝（いしい・よしたか）……一九三二年生。一九五五年東京大学工学部卒、日本国有鉄道入社。常務理事九州総局長、国鉄改革に携わり、一九八七年九州旅客鉄道（JR九州）初代代表取締役社長、車両のサービス改善やビートル航路など、同社を軌道に乗せる。経済界活動、地域活動、行政経営改革、観光関係、日韓交流にも携わる。現在NPO法人福岡城市民の会理事長などを務める。著書に『蒸気機関車』（中公新書）、『九州特急物語』『戦中・戦後の鉄道』（共にJTBパブリッシング）など多数。

木下良氏の逝去を悼む

元國學院大學教授で、古代交通研究会の名誉会長であった木下良氏が、本年一月二十六日に、九十二歳で亡くなられました。氏は、長崎県北高来郡諫早町（現諫早市）のご出身で、旧制佐賀高校（現佐賀大学全学教育機構）を卒業され、京都大学文学部に進まれました。その後は、人生の大部分を関西と関東で過ごされましたが、研究面においては、九州と密接な関係を続けられました。

フィールドワーク「西海道大宰府路水城西門ルート」のウォーキングに参加された木下良先生（2008 年）

その一つが、昭和四十八（一九七三）年度に、藤岡謙二郎京都大学教授を中心として、二十四名の歴史地理学研究者が行った全国の古代の駅路《えきろ》と駅家《うまや》・港の共同研究です。当時は、まだ地方の古代駅路は、自然発生的な道を若干整備した程度の、狭くて曲がりくねった道路と考えられていました。この調査において、木下氏は、長崎県出身ということで、肥前・肥後両国を担当するよう藤岡教授から命じられました。たまたま佐賀平野の空中写真を見ていた氏は、そこに東西方向に走る一本の直線を見出し、現地踏査の結果、これが古代の駅路の痕跡ではないかということに気がついたのです。これを契機として、氏はフィールドを全国に広げ、古代の駅路は、地方においても、

陝西省秦直道調査の時の様子（2009年）。最前列右から２番目が木下良先生、４番目が武部健一先生

幅の広い直線道であることを主張するに至りました。そして、昭和六十一年に、吉野ヶ里遺跡において、氏が推定した駅路の想定線上から、堂々たる大道が発掘され、考古学の分野にも、一大センセーションを巻き起こしたのです。

また、そもそも氏は、国府の研究から出発されましたが、豊前・肥前・日向国府では、ほぼ氏の想定地から、国府の中心である国庁の遺構が発掘されています。さらに、福岡県宗像市、香春町、椎田町、佐賀県鳥栖市、熊本県南関町の各自治体史の古代の歴史地理の部分も執筆されています。

以上のように、氏は関東に移られてからも、九州とは密接な関係を続けられ、晩年までよく九州を訪れておられました。もちろん氏の研究は、日本全国にわたるものではありましたが、九州については、特に思い入れがあったようで、氏と話していても、九州のことが話題になる時には、何となく懐かしそうな感じがしたものです。

氏のご冥福を心からお祈り申し上げます。

（木本雅康）

料金受取人払郵便

博多北局
承認

0188

差出有効期間
平成29年5月
31日まで
（切手不要）

郵便はがき

812-8790

158

福岡市博多区
奈良屋町13番4号

海鳥社営業部 行

通信欄

通信用カード

このはがきを，小社への通信または小社刊行書のご注文にご利用下さい。今後，新刊などのご案内をさせていただきます。ご記入いただいた個人情報は，ご注文をいただいた書籍の発送，お支払いの確認などのご連絡及び小社の新刊案内をお送りするために利用し，その目的以外での利用はいたしません。

新刊案内を［希望する　希望しない］

〒　・　　　　☎　　（　　）

ご住所

フリガナ

ご氏名

（　　　歳）

お買い上げの書店名

海路　12号

関心をお持ちの分野

歴史，民俗，文学，教育，思想，旅行，自然，その他（　　　　）

ご意見，ご感想

購入申込欄

小社出版物は，本状にて直接小社宛にご注文下さるか（郵便振替用紙同封の上直送いたします。送料無料），トーハン，日販，大阪屋，または地方・小出版流通センターの取扱書ということで最寄りの書店にご注文下さい。なお小社ホームページでもご注文できます。http://www.kaichosha-f.co.jp

書名		冊
書名		冊

「木下良先生を偲ぶ会」のお知らせ

元國學院大學教授（古代交通研究会名誉会長・交通史学会顧問）の木下良先生が、2015年1月26日に、92歳で逝去されました。ここに生前お世話になった有志が発起人となり、偲ぶ会を開催することになりましたので、ぜひ多くの皆様にご参加いただきたく、謹んでご案内申し上げます。

発起人

荒井秀規　内田保之　江口　桂　加藤友康　鐘江宏之　川尻秋生
木本雅康　酒寄雅志　佐々木虔一　鈴木靖民　谷田有史　中村太一
増田廣實　山本光正　吉田敏弘

記

日時　2015年9月13日（日）　午後2時～5時
会場　國學院大學有栖川宮記念ホール
（國學院大學渋谷キャンパス若木タワー棟18階）
会費　10,000円

申込方法◆参加ご希望の方は，Eメールか葉書で住所・氏名・連絡先をご記入の上，**8月15日（土）まで**にお申し込みいただき、**8月31日（月）まで**に会費をお振込ください。

申　込　先◆Eメール：nakamura.taichi@k.hokkyodai.ac.jp（中村太一）
郵便葉書：〒085-8580　釧路市城山1-15-55
北海道教育大釧路校　中村太一

※可能な限り，Eメールでお申込ください

会費振込先◆口座番号等：（A）ゆうちょ銀行から振り込む場合
記号：19230　番号：7622091
（B）他行から振り込む場合
店名：九二八　店番：928　種目：普通預金
口座番号：0762209
口座名義　中村太一（ナカムラタイチ）

残暑厳しい折と思われますので、軽装でお出でください。参加されない方でも、献花代2,000円をお振り込み頂くと、後日に記念誌を郵送します。

問い合わせ▶Eメール：nakamura.taichi@k.hokkyodai.ac.jp（中村太一）
北海道大学釧路校中村研究室（直通）：0154-44-3395
※可能な限り、Eメールでお問い合わせください

追悼

武部健一氏の逝去を悼む

今年の五月末、武部健一先生がお亡くなりになっていたことを知りました。『道路の日本史―― 古代駅路から高速道路へ』（中公新書）を上梓され、お送りいただいたばかりでしたので、大変驚きました。

先生は、大正十四（一九二五）年に東京でお生まれになり、昭和二十三（一九四八）年に京都大学工学部土木学科をご卒業、特別調達庁、建設省関東地方建設局を経て日本道路公団で高速道路の計画と設計、建設に携わられ、同公団常任参与等を歴任。平成十一（一九九九）年には道路文化研究所を主宰されるなど、道の歴史と文化について時代を超えた、特に技術史的な研究により優れた業績を残されました。

甘粛省正寧県の秦直道・陝西省との省境にて、武部健一先生（右）と木下良先生（2009年）

主な著作には、『インターチェンジ』『道路の計画と設計』（共に技術書院）、『インターチェンジの計画と設計』『道のはなしⅠ・Ⅱ』『中国名橋物語（編訳）』（以上技報道出版）、『完全踏査 古代の道』『完全踏査 続古代の道』（共に吉川弘文館）、『道Ⅰ・Ⅱ』（法政大学出版局）などがありますが、漢詩にもご造詣が深く、『康堂詩集―― 道と橋』、『漢詩 小倉百人一首』などもまとめられており、多才な方でした。

推定城の山道（筑紫野市萩原）にて武部健一先生（左）と木下良先生（2008 年）

ところで、実に七十五歳のときに古代道の全国行脚を始められたその道に対する熱意は、かの伊能忠敬を重ねずにはいられません。先生は、現代の高速道路計画が古代道の位置と重なるケースが多いことから、両者とも最短距離を走り抜けるという共通のコンセプトであった点に注目され、昭和六十年に「日本幹線道路網の史的変遷と特質」（『土木学会論文集』三五九号）を発表されました。

先生には、鹿児島で行われた西海道古代官衙研究会にて初めてお目にかかって以来、ご指導いただきました。当時の私は、『万葉集』に葛井連大成が詠んだ「基肄城跡」（国特別史跡）近傍の「城《き》の山道《やまみち》」、秦の始皇帝が将軍の蒙恬に築造させたとされる「直道」の研究に取り組んでいた関係で、細やかなご助言をいただきました。特に平成二十～二十二年の中国陝西省、甘粛省、内蒙古自治区などでの「直道」を探る踏査では、昭和六十三年に木下良先生とともに楡林市に出向かれた際の経緯等についてご教示いただきました。

私は、筑紫野市で偶然にも古代道の調査研究に多く携わる機会を得て、先生方のご指導をいただきながら今日に至っておりますが、古代だけではなく、近世の街道や近代の九州鉄道にも興味を広げて、交通の変遷を地域史として捉えようとする学問的スタンスを心がけるようになったのは、日頃のご指導をいただいた賜物です。「フィールドとして筑紫野市は素晴らしいところだから、頑張りなさい」と常に励ましていただきました。今は、ひたすら学恩に感謝することしかできませんが、ご冥福をお祈りしております。

（小鹿野亮）

アクロス福岡文化誌

福岡県の豊かな文化や風土――〝ふるさとの宝物〟をビジュアルに紹介

6 福岡県の神社

神社の由緒から、霊験あらたかな御祭神、個性的なお祭り、樹齢数百年の御神木や神宝まで、約120社の歴史と見所を一挙紹介。境内の歩き方、参拝の基本作法などのコラムも収録。

▼160頁

7 福岡県の名城

国防の最前線に築かれた古代山城、激戦の舞台となった戦国期の城、天守や石垣が聳える大城郭……。築城の経緯や城主の変遷、構造的な特徴や今も残る遺構まで、約60城を案内。

▼160頁

8 福岡県の仏像

小さなお堂で静かに微笑む古仏、古刹に立ち並ぶ巨像群、数十年ごとに開帳される秘仏……。お寺の歴史、仏像の特徴や見所、拝観情報まで。個性豊かな約100軀の仏様と出会う。

▼160頁

9 福岡県の幕末維新

日本史上の一大転換期を福岡・小倉・久留米・柳川の各藩はいかに歩んだのか

ペリー来航から明治維新へ。時代の波にのみ込まれながらも、確かな足跡を残した福岡県内の諸藩。廃藩置県にいたるまでの動向や人物にスポットを当て、激動期の福岡県の姿を明らかにする。

▼160頁

海鳥社

back number

7号【特集＝九州の城郭と城下町・近世編】

玖島城：稲富裕和／佐賀城の歴史：小宮睦之／岡城と竹田・十川城下町：豊田寛三／熊本城：北野隆／飫肥城と城下町の形成：岡本武憲／「九州学」研究会講演収録「九州と東アジア　琉球弧の視点から」～九州からのインパクト沖縄からのインパクト：中村俊介／琉球王国と海域アジア：真栄平房昭／福岡城天守閣と下之橋大手門：丸山雍成 ほか

8号【特集＝九州とキリシタンキリスト教の到来】

ザビエルの日本渡来と宣教：河井田研朗／大友宗麟　アジアン大名家から生まれたキリシタン大名：鹿毛敏夫／再考第十三代有馬晴信：木村岳士／異色の戦国大名大村純忠：外山幹夫／キリスト教の伝来と大名領国：丸山雍成／近代史から見た九州：猪飼隆明／生物の多様性と九州：小池裕子／徐福渡来と伊都国王墓：丸山雍成／福岡市域の島名考：池田善朗 ほか

9号【特集＝九州とキリシタンキリスト教の盛衰】

キリシタンによる仏教・神道の迫害：久田松和則／南蛮貿易と禁教令：武野要子／福岡藩領内におけるキリシタンの動向と考古資料：井澤洋一／幕末・明治期長崎のプロテスタント：坂井信生／キリスト教の伝来と大名領国（続）丸山雍成／九州方言アクセントの古層　高山倫明／九州の儒学群像：町田三郎／直江兼続の農民政策と「慶安御触書」丸山雍成 ほか

10号【特集＝大宰府】

総論　いま、太宰府がおもしろい：重松敏彦／聖地太宰府の仏たち：井形進／大宰府の考古学的成果と課題：杉原敏之／太宰府の文化財の活用とまちづくり：城戸康利／山本作兵衛炭坑画山本作兵衛と永末十四雄：佐々木哲哉／夫婦枠、立ちて：上野朱／遣唐使と海：上原克人／国指定史跡天狗谷古窯の創業期に関する問題：伊藤和雅／伊都国と大宰府政庁：丸山雍成

11号【特集＝戦国・織豊期の九州の城郭】

日本の城石垣の歴史と北九州の戦国･織豊期の城石垣:西ケ谷恭弘／小佐々水軍城と西海の城　東アジアの城郭との関わりについて：小佐々学／九州の城郭からみた在地系城郭と織豊系城郭の違い　縄張り研究に基づく城郭研究の近年の成果から：中西義昌／九州にとって「織豊」とは　織豊系城郭の様相と近世大名権力：木島孝之

定価：1200円（税別）
ご注文は海鳥社まで（巻末参照）

海路　「海路」編集委員会編

創刊号（品切）

特集：博多と海の路
座談会「海は博多に何をもたらしたか」
川添昭二＋角山榮＋武野要子
創刊記念インタビュー
海へのオマージュ：白石一郎氏に聞く

2号【特集＝九州のもてなし文化】

特別座談会「日本の庭園文化」（司会・筒井ガンコ堂）原田榮進＋リュック・フーシェ＋武野要子
第２特：九州の唐人町　ほか

２号を書店にてお求めの際は「石風社取り扱い」にて，
または TEL092-714-4838（石風社）までご注文下さい

3号【特集＝九州と菓子】

序論　肥前のもてなし座談会／九州の菓子文化御菓子司 ── 鶴屋の場合：筒井ガンコ堂／「茶会記」にみえるお菓子さまざま：平久美子／菓子文化を育む砂糖王国・九州：平田蘭子／砂糖の輸入とその需要：編集部／貝原益軒の科学的業績と日本近代化：海老田輝巳／九州経済最前線〈３〉ふくや代表取締役社長川原正孝氏に聞く　ほか

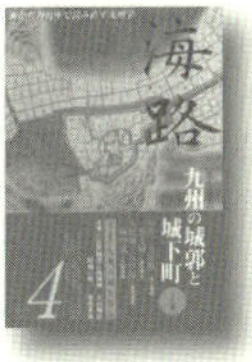

4号【特集＝九州の城郭と城下町・古代編】

対馬・金田城の調査成果：坂上康俊／怡土城築城の経緯について：瓜生秀文／大野城と基肄城：赤司善彦／鞠智城について：大田幸博／九州の近世城郭と福岡城：丸山雍成／原城の戦い：服部英雄／千束藩旭城哀話：三浦尚司／雪舟と九州：渡邊雄二／海人紀行：渡辺考／九州経済最前線〈４〉福岡県知事麻生渡氏に聞く　ほか

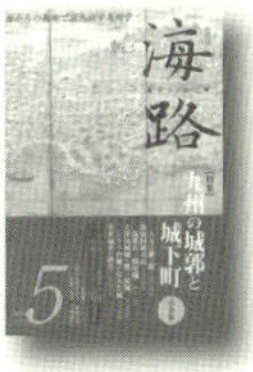

5号【特集＝九州の城郭と城下町・中世編】

十六世紀の Bungo と大友宗麟の館：鹿毛敏夫／筑前国秋月氏の城郭：中村修身／戦国期北部九州の政治動向と筑紫氏・勝尾城：堀本一繁／大津山関城と鷹ノ原城をめぐる若干の問題：丸山雍成／シラス台地の広大な城：三木靖／中世城郭の終焉：宮武正登／近世の商いと貨幣の歴史：藤本隆士／九州経済最前線〈５〉ホテルＪＡＬシティ長崎社長陳東華氏に聞く　ほか

6号【特集＝九州やきもの史】

細川小倉藩時代の上野焼：永尾正剛／高取焼の歴史と陶工：井澤洋一／薩摩焼　近年の考古学的成果から：渡辺芳郎／近世波佐見焼の歴史：中野雄二／古九谷＝伊万里論の再検討：伊藤和雅／九州とはなにか「九州学」の可能性：池田和正／地球史からみた九州：井澤英二／江戸期の食卓礼法：中野三敏／鐘崎の海女：森崎和江／高樹のぶ子が捉えた現代アジア　ほか

海鳥社

■事務局だより

「海路」十二号は、「九州の古代官道」の特集である。「海路」は前号の「戦国・織豊期の九州の城郭」より、一つの課題を特集する形で発行することにした。本号は、そういう意味では第二期の「海路」発行の二弾目である。

古代官道は、それまで細く曲がりくねったものと思われていたが、一九七〇年代に直線的な計画道路であったことが発表され、一気に注目を集め始めた。それ以降、各地で古代道路の調査研究が盛んになり、九州でも大宰府を中心に多くの調査研究が行われた。さらに、市民参加による古代官道の研究・活用という要素も加わっている。本号では、そうした現段階での成果の一端を示すことができたのではないかと思う。

しかし、古代官道の課題としては、その性格や役割、海への道は……など、依然として多岐にわたる。

道は、モノや人を運ぶ。これにともなって思いや思想、つまり文化をも運ぶ。

次号はそうした課題を中心としながら、古代の道への考察をすすめたいと思う。

（「海路」編集委員会事務局）

次号予告

海路 13

2016年4月刊行予定

特集 古代官道と道の文化

ヒトやモノだけではない、さまざまな文化や伝承、ときには魑魅魍魎までもを運んできた「道」。現代に生き続ける道の礎となったわが国の古代官道は、中国における道路制度の強い影響が想定されている。13号では、中国・韓国の古代道をひもとき、また、官道沿いに集中する巨人伝説や、峠と境界祭祀、さらに山城と道の関係などを追究する。

2015年9月26日開催シンポジウム

九州の道 その歴史と文化
古代官道から現代へ

一挙収載！

海路《かいろ》　第12号
2015年7月20日発行
発行　有限会社海鳥社
〒812-0023　福岡市博多区奈良屋町13番4号
電話092（272）0120　FAX092（272）0121
http://www.kaichosha-f.co.jp
印刷・製本　九州コンピュータ印刷株式会社
ISBN978-4-87415-954-5
［定価は表紙に表示］